Dcst

Y. 1218.
2.

HISTOIRE PLAISANTE,
FACETIEVSE, ET RE-CREATIVE; DV LAZA-re de Tormés Espagnol:

En laquelle l'esprit melancolique se peut recreer & prendre plaisir:

Augmentee de la seconde partie, nouvellement traduite de l'Espagnol en François.

A ANVERS,
Chez Guislain Iansens.
1598.

HVITAIN AV
Lecteur.

AMi Lecteur, ainsi dit l'Aristote,
Le rire vient de l'admiration:
Veux-tu chasser cela que le ris t'oste?
De ce mal tien tiens la curation:
C'est ce livret de docte invention
Et grand esprit, tant si le veux biē lire,
T'esbahiras; &, par conclusion,
Ne te faudra matiere de quoy rire.

PROLOGVE.

I'Ay esté d'advis que choses tant dignes de memoire, & peut estre non jamais ouïes ni veuës, vinssent à notice de tous, pour ne demeurer esteintes en la fosse d'oubli: car (possible est) quelcun les lira, lequel y pourra trouver goust: Et celuy sera moins aigu d'entendement, pour le moins y prendra plaisir. A ce propos dit Pline, n'estre livre si meschant, qui ne contienne en soy quelque chose de bon. Veu mesmement que les gousts sont tant differens, que ce que l'vn ne veut gouster, l'autre le prend pour le manger. Nous voyons aussi d'aucuns aucunes choses estre peu estimees, qui d'autres sont cherement tenues: A ceste raison nulle chose devroit estre deschiree ni despiecee (si elle n'estoit trop detestable) sans estre premierement à tous comuniquee; quand mesmement en lieu de dommage en reviet commun proufit & utilité: Car certes si autrement se faisoit, peu de gens prẽdroyent la plume en main, (veu la peine qu'on en reçoit:)

PROLOGVE.

reçoit:) pour le bien d'un hôme seul. Par ainsi puis qu'ils en ont prins le labeur, à bon droict en desirent estre remunerez; non par argent, mais seulement en ce, que leurs œuvres soyent leuës & loüees selon le merite: Car l'honneur (côme disoit Ciceron) entretient les arts. Pensez vous que soldat qui premier monte en la breche ait sa vie en horreur? non seurement: ains c'est affection d'hôneur que le fait mettre à l'aventure: Le mesme eschoit entre gens de lettres. On dit ainsi Monsieur le Religieux, presche tres-bien, comme celuy qui est desireux du salut des ames; neantmoins demandez luy, s'il est marri qu'on luy dise: O qu'admirablemët, Monsieur, & divinement vous avez presché! Le semblable advient à l'homme d'armes, duquel on dit: Monsieur de telle part jousta tresmal: neantmoins donna son harnois à un flateur plaisantain, qui l'avoit loüé d'avoir couru bonnes lances: Que luy eut-il donné s'il eut esté vray? Or comme tout se face par ce mesme compas, confessant n'estre plus saint que mes voisins, seray tres-aise que de ceste mienne
gros-

PROLOGVE.

groſsiere nouveauté, participent & ſe delectēt ceux, qui en elle trouveront quelque gouſt: Et par ainſi apprennent comme l'homme eſt ſubject à tant d'hazars, perils, & calamitez. Donques, Monſieur, je vous ſupplie recevoir ce petit don, de celuy lequel, ſi ſon pouvoir fut eſgal à ſon deſir, vous l'eut beaucoup plus riche preſenté. Or puis qu'il vous plaiſt me commander que t'eſcrive, & racōte l'affaire bien au long, j'ay eſtimé qu'il ſeroit bon cōmencer, non au milieu de ma vie, ains dès ma naiſſance: A ce qu'on voye clairement qui je ſuis: Et à fin auſsi que ceux, qui ont les grandes rentes & revenus en heritage, conſiderent combien peu de grace leur en eſt deüe, veu que par fortune leur ont eſté departis: Et à ce qu'ils cognoiſſent combien plus eſt deu à ceux, qui maugré elle, par force & moyen induſtrieux tirans à l'aviron, ont conduit leur eſquif à bon port.

A 3

LAZARE CONTE SA vie, & qui fut son Pere.
Chapitre premier.

OR sçachez, Monseigneur, en premier lieu, que mon nom est Lazare de Tormes, fils de Thome Gonzales, & de Thoinette Perez, naturels de Tejares, village voisin de Salamanque: Ie nacquis sur vne riviere nommee Tormes, à raison de quoy me fut imposé ce surnom de Tormes. Le cas advint de ceste maniere: Mon Pere (auquel Dieu pardonne) avoit charge de voiturer la mouture à vn molin estant sur la dite riviere, auquel depuis fut mon sujet plus de quinze ans. Advint vne nuict que ma mere estant enceinte delivra de moy, dont je puis dire à la verité, que nacquis dans la dite riviere. Depuis estant en l'age seulement de huit ans, mon pere fut accusé d'avoir mal versé en sa charge, & taillé quelque veine aux sacs de ceux, qui là venoyent à moudre: Pour lequel cas estant mis en prison, & endurant la question entre les mains de justice, cōfessa finablement le tout, sans nier aucune chose du fait. Lon fit en ce temps là vne armee contre les Turcs, à laquelle mon pere (qui pour la desfortune avant deduite estoit banni du païs) alla pour muletier d'vn Gentil-homme de l'armee; au service duquel cōme loyal serviteur finit ses jours. Par ainsi ma pauure mere, demeurant sans mari & sans aucun support, delibera s'adjoindre aux bons, pour estre du nombre d'iceux: Au moyē dequoy vint demeurer à la cité, en laquelle loüant une maisonnette, s'étremit à accoustrer la viande de certains escoliers, & laver les linges d'vn tas de palefreniers, serviteurs de Monsieur le Commandeur de la Magdaleine: dont fut contrainte

fre-

frequenter les establieres: Tellement qu'elle & vn More, qui estoit palefrenier du dit Seigneur, vindrent à grande cognoissance: Et pourtant iceluy venoit quelque fois le soir à la maison, & s'en retournoit le matin: aucune fois revenoit à plein midi, & sous couleur d'acheter des œufs entroit dedans. De laquelle chose j'estoye fort marri au commencement qu'il venoit, pour la couleur & mauvais visage qu'il portoit: Toutefois quand j'eu cogneu que par son entree croissoit la chair au pot, commençay luy mostrer bon vouloir: Aussi il apportoit tous-jours quelque quartier de pain, quelque morceau de chair, & en temps d'hiver du bois pour nous chaufer.

Comment la mere du Lazare s'accointa d'un More, duquel elle eut enfant.
Chapitre II.

TAnt s'estendit l'affaire, que ma mere eut commodité de faire un petit

petit More: lequel je berçoye, & aidoye à chaufer. Aufsi il me souvient qu'une fois mon beau pere le More le mignardoit, lequel voyant ma mere & moy estre blâcs, & mon beau pere noir, s'en fuyoit de peur & crainte de luy, vers ma mere, disant: Mere, le loup. De quoy riât mon beau pere, ne sceut que dire, fors qu'il dit: Ah fils de ribaude. Alors jaçoit que je fusse jeusne, notay bien la parole de mô petit frere, disant à par moy: Combien de gens comme toy, frere, fuyent des autres, pour ne se cognoistre eux mesmes? En ces entrefaictes voulut nostre mal-heur que la conversarion du Zaide (car ainsi s'appelloit mon beau pere) parvint aux oreilles du Maistre d'hostel de Mōsieur le Commandeur; lequel fit si estroite enqueste du faict, qu'il descouvrit que mon beau pere ostoit la moitie egale de l'orge, qu'on luy delivroit pour les chevaux, ne desroboit fors seulement
du

du son, du bois, des estrilles, drapeaux, couvertures, & linceux de chevaux, qu'il cõtrouvoit estre perdus: Et quãd autre chose ne pouvoit, desferroit les chevaux, & apportoit tout à ma mere, pour alimēter mon petit frere. Ne nous esmerveillons donc plus de ceux qui desrobbent aux povres, ou de ceux qui le prennēt en leurs maisons, le donnãt à qui leur plait, pour survenir à semblable necessité; puis que l'amour enhardissoit ce povre serf à ce faire, auquel lon prouva tout ce que j'ay deduit & d'avantage : Car je fu examiné du faict par menaces, dont fu contraint, comme enfant, descouvrir & confesser la clef du jeu : jusques à dire que j'avoye vendu à un mareschal, par commandement de ma mere, certains fers de chevaux. En sorte que mon povre pere fut foüetté & lardé : Et expres commandemēt fut fait à ma mere par justice, de n'entrer en la maison du dit

Seigneur, sous peine d'amende arbitraire; ni moins de donner entree ni admettre le povre Zaide en sa maison; laquelle, pour ne jetter le manche apres la coignee, s'efforça de n'enfraindre la sentence: Ains, tãt pour eviter le peril, comme pour eschapper les mauvaises langues, alla servir l'hoste qui pour l'heure tenoit le logis de la Solane; avec lequel endurant mille maux, esleva mon petit frere, jusques à ce qu'il sceut cheminer. Aussi estois grandet, pouvant desja faire quelque service aux hostes, comme seroit aller querir du vin, des chandelles, & autres choses qu'ils me commandoyent.

Comment Lazare alla servir un aveugle.
Chapitre III.

CE temps pendãt un aveugle vint loger leans, auquel je semblay propre pour le guider: par si demanda à ma mere, si elle vouloit que ie le ser-

servisse. De quoy estant tres-contente, le pria me faire bon traitement, pource que j'estoye fils du bon pere; lequel, pour augmenter la foy de Iesus Christ, fut tué en la bataille des Gelves, & ausi qu'elle entédoit que le fils ne devroit rien au pere, & pourtant qu'elle le prioit derechef qu'il me traitat bien, & me favorisat comme à povre orfelin. Laissez faire à moy, (dit-il) i'en feray nō comme de serviteur, mais comme de fils propre. Dès l'heure cōmençay à servir mō vieux & nouveau maistre. Or apres qu'eusmes demeuré en Salamanque certains iours, mon maistre, voyát le gain trop petit, au moins à son advis, determina partir de là. A ceste raison, un peu avát nostre departement, ie fu dire à Dieu à ma mere, & tous deux plorans me donna sa benedictiō, disant: Mon fils, ie ne te verray iamais, prens peine d'estre homme de bien, Dieu soit en ton aide: ie t'ay nour-

nourri, & si t'ay mis à un bon maistre, cherche d'ici en avāt ce qui te sera besoing. Ainsi me departey d'avec elle, tournant vers mon maistre, qui m'atendoit pour s'en aller. Si saillimes de Salamanque, & quand approchasmes du pont, à l'entree duquel estoit un animal de pierre en forme de toreau, l'aueugle m'en fit approcher, disant: Lazare, ioin ton oreille à ce toreau, & oüiras le grand bruiet qui est dedans. Lors ie fi simplement ce qu'il m'avoit dit, pensant qu'il parlat à bon escient: mais le traistre sçachant que i'avoye la teste pres de la pierre, ietta son bras par si grāde force, qu'il me fit heurter si terrible coup contre ce diable de toreau, que la douleur de la corne me dura plus de trois iours, & me dit : Sot apprens tandis que tu es ieune, car le serviteur d'aveugle a de sçavoir un poinct plus que le diable: & se rit grāde piece de la farcerie. Tout à coup me sembla que
m'es-

m'efveillay de ma fimplicité, en laquelle pour mon tendre age je fommeilloye, difant à part moy: Sa raifon eft tres-bonne, car puisque je fuis feul, & deftitué de toute faveur, il me convient ouvrir les yeux, veoir & penfer ce qui fera à mon avantage.

Lazare apprend le meftier & jargon de fon maiftre aveugle.

Chapitre IIII.

SVivant donc noftre chemin, en peu de jours m'enfeigna à jargonner: & me voyant aigu d'entendement, eftoit tres-aife, & me difoit: Lazare, je ne te peux donner or ni argent, feulement t'adviferay à vivre. Ce qu'il fit certainement, car apres l'aide de Dieu il me fit hôme: Et jaçoit ce qu'il eftoit aveugle, fi eft-ce qu'il me donna clarté, & m'apprint à vivre. Monfieur, je pren plaifir vous raconter ces chofes d'enfance, à ce que voyez combien eft loüable

able d'abjecte condition estre eslevé en authorité: Et par le contraire combien ignominieux estre abbaissé de quelque haute dignité. Toutesfois tournât à propos de nostre bon aveugle, à fin de raconter ses afres: Devez sçavoir, Monsieur, que, depuis la creation du monde, Dieu n'en a point fait de si sage ni advisé; car il transcendoit en son art: Il sçavoit par cœur cent oraisons des Saints, & d'auantage: Or pour les dire usoit d'un accent bas, reposé, & si resonnant, qu'il faisoit retentir l'Eglise où il les recitoit: Outre ce usoit d'un visage humble & devot, lequel il sçavoit tres-bien contrefaire, quand il faisoit ses prieres, sans gestes de bouche ni des yeux, comme autres ont accoustumé: Il auoit d'avantage autres mille façons & moyens de faire, pour attirer l'argent: Car il sçavoit oraisons de beaucoup d'effects: comme seroit pour les femmes qui ne se font en-

enceintes, pour celles qui ne peuvent delivrer d'enfant, pour celles qui ont mauvais mari, pour celles qui ne sont en grace d'iceux, à fin qu'elles y puissét rentrer: Outre ce il pronostiquoit les enceintes, à sçavoir, si leur fruict estoit masle ou femelle. Puis en cas de medecine eussiez dit, que Galien n'en sceut onques autant que luy: Car pour mal de dents, mal de cœur, mal de matrice, ou quelque mal que ce fut, incõtinent eut dit: faites ceci, faites cela, cueillez telle herbe, prenez telle racine. Par ce moyen tout le monde couroit apres luy, mesmemét les femmes, qui donnoyent credit à toutes ses paroles; desquelles, par le moyé que i'ay deduit, retiroit un grand proufit, en sorte qu'il gaignoit plus en un mois, que cent autres de son mestier en un an. Toutesfois, Monsieur, devez sçavoir, que cõbien qu'il assemblat beaucoup de biens, & devint fort riche, si est-

est-ce qu'en iour de ma vie ne suis records, auoir cogneu homme si chetif & miserable: Tellement qu'outre ce qu'il me faisoit mourir de faim, ne me donnoit la moindre chose de celles qui me faisoyent besoing. Ainsi si par mon industrie & cautelle, ie n'eusse mis ordre à mes affaires, ie fusse des long temps pasture des vers: Mais auec toute sa finesse ie le contreminoye si bien, que tous-jours ou le plus souvent i'avoye la meilleure & avātage portion: Et pour ce faire me convenoit user de ruses, desquelles racōteray aucunes, encores que non pas toutes à mon avantage.

Les ruses du Lazare, pour tromper son maistre l'aveugle.

Chapitre V.

OR cest aveugle portoit le pain & compagnie en un sac de toile, lequel il fermoit par la bouche, avec une certaine bouche de fer & un petit bout,
sous

sous une meschante clef: Et au temps de mettre la viande dedans, il en tenoit conte si estroit, que tout le monde ne l'eust sceu tromper d'une seule mie de pain. Par ainsi il me falloit contenter de si peu de viande qu'il me donnoit, laquelle toutefois j'auoye despeschee en moins de deux morceaux. Or apres que il avoit mis le bout au sac, il pesoit estre trop seur: Mais quād il cuidoit que j'entendoye en quelque autre affaire, je faisoye adonc estat de descoudre plusieurs fois & tourner à coudre mon avare sac, l'ouvrant par l'un des costez, duquel ie tiroye non seulemēt le pain à mon beau plaisir, ains gros morceaux de chair, carbonnades, & andoulles: Par ce moyen cherchoy temps opportun & commoce, pour appaiser la faim enragee que l'ayeugle me causoit. D'autre part tout ce que ie luy pouvoye desrobber, ie le changeoye en mailles: Et si aucun luy commandoit dire quelque oraison (eu esgard

esgard qu'il n'y voyoit rien) quand on luy bailloit le denier, à peine le luy avoit-on presenté, que ie le tenoye en la bouche, & la maille si tres-appareillee, que pour viste qu'il tendit la main, desja il estoit par mon change diminué de la moitie de son juste pris. De quoy ce maudit aveugle murmura incontinét, cognoissant par le touchement que ce n'estoit pas un denier, si disoit: D'où diable vient ceci, que depuis que tu demeures avec moy, lon ne me dône que des deniers esbrechez; veu que tousjours au par-avant lon m'en donnoit un, voire quelquefois deux? Tu en dois estre cause. A raison de quoy il accourcissoit ses oraisons plus de la moitie: Et pour ce faire m'avoit commandé, que dès incontinent que celuy qui payoit l'oraison, seroit esloigné, ie luy fisse signe par le bord de son manteau, lequel aussi tost qu'il ce sentoit changeant propos, cômençoit à crier de nouveau, com-

comme font coustumierement les aveugles: Qui veut faire dire une telle ou telle oraison? A l'heure du repos il mettoit ordinairement son vin en un petit pot pres de luy, lequel ie prenoye quelque fois bien à droict, & l'ayant baisé une ou deux fois secretement, le remettroye en sa place: vray est que ce bon-heur ne me dura guere, car il recogneut ma diligence par le nombre de ses gorges: Et des lors taschant de le mettre à sauveté, en lieu d'abandonner le pot, le tenoit tous-jours saisi par l'anse. Neantmoins onques la pierre aimant n'eut telle grace à attirer le fer à soy, comme je faisoye ce povre vin à moy, avec un long tuyau de seille, lequel je gardoye soigneusement pour celle necesité: Mais aussi l'ayant mis une fois dans le pot, il me pouvoit bien pardonner. Or côme le paillard estoit si caut & rusé, je croy qu'il m'oüit, pour le moins de là en avant faisoit estar chan-

changeant d'advis, de le mettre entre ses jambes, & pour boire sans soupçon, le tenoit tous-jours couvert avec la main. Mais cōme ie fusse accoustumé au vin, i'enrageoye pour en boire: A raison de quoy, voyāt mon invention du chalumeau est'e vieille, me souvint de faire un petit trou au fond du pot, & le boucher subtilement d'une planchette de cire deliee: Puis à l'heure du repas, contrefaisant le mort de froid, me mettoye entre les iambes du povre aveugle, pour me chaufer à son petit feu, à la chaleur duquel neantmoins la cire, pour estre si deliee, se fondoit: Au moyen dequoy se faisoit une fontaine, qui degoutoit si droit en la bouche de Lazare, que maudite soit la goutte qui se perdoit. Et quand le povre homme voiloit boire, ne trouvant rien dans le pot, estoit tout estonné, maudissoit le pot & le vin, le dōnant tout au diable, ne sachant qu'il pouvoit devenir. Lors

ie

ie luy difoye, vous ne direz pas maintenant, pour le moins, oncle, que ie l'ay beu, veu que ne l'avez point abandonné de voz mains. Finalement il donna tant de voltes & manimens à ce pot, qu'il trouva le trou, & cognoiſſant la ruſe, la diſſimula, tout ainſi comme celuy qui n'en ſcavoit rien, iuſques le lendemain, que comme ie recevoye le degout accouſtumé, ignare du mal qui m'eſtoit appareillé, penſant que le pervers n'en ſceut rien, ie m'aſsis comme i'avoye de couſtume, mon viſage tourné vers le ciel, les yeux un peu ſerrez, pour mieux gouſter les ſavoureuſes gorgees de celle douce liqueur. Adonc le mal-heureux aveugle, ſachant le temps eſtre tres-cómode pour ſe venger de moy, hauſa ce doux & trop amer pot, le iettát de toute ſa force ſur ma povre bouche. Au moyé de quoy fut advis en ceſt inſtant au deſaſtré Lazare, qui de ces embuſches ne ſcavoit rien, ains eſtoit à ſon aiſe, penſant

sant côme autre fois estre asseuré, que toute la machine du ciel estoit tombee sur luy: Tât terrible fut ce vilain coup de pot, qu'il me troubla tout le cerveau, me laissant esperdu de mon sens: Aussi les pieces d'iceluy me deschirerent tout le visage, & me rompirent les dens, sans lesquelles suis encores à present.

Comment Lazare commença à se fascher de son maistre, & le hair pour ses mauvais traitemens.

Chapitre VI.

DE l'eure ie prins en haine ce mauvais aveugle: car iaçoit ce qu'il monstroit depuis m'aimer, me flattoit & amignardoit, si est-ce que ie cogneu tres-bien, qu'il avoit plaisir de m'avoir donné tel chastiment: En me lavant avec du vin les playes, que les pieces du pot m'avoyent faites, se sousrioit, & disoit: Que t'en semble, Lazare? Le vin qui

qui t'a nauré te guerir, & te donne santé: Et usoit encor d'autres gaberies, qui ne me plaisoyent point. Or comme ie me vey demi gari de mes playes & meurtrissures, considerant à part moy, qu'avec peu de coups semblables ce cruel aveugle excuseroit mes despens, taschay d'espargner les siens: Ce que ie ne fi soudainement, attendant le faire à mon avantage. Et posé que, pour m'oster de fascherie, i'eusse voulu luy pardonner l'iniure, le mauvais traitement que ce malin me faisoit depuis, n'y consentoit: Car tous-iours sans cause ni raison me frappoit, horionnoit, & escorchoit la teste. Et si quelcun le reprenoit du mauvais traitemét qu'il me faisoit, & de la cruauté qu'il usoit envers moy, incontinent leur recitoit le tour du pot, & disoit: Estimez vous, Messieurs, cé mien garçon estre quelque innocét? Or voyez, disoit-il, apres l'avoir çōté, que tous les diables

B   eu

eut controuvé si grande meschanceté. Et par-ce ceux qui l'avoyent escouté, de ce esmerveillez, disoyent, faisant le signal de la croix: Mais regardez, qui iugeroit estre si grande vivacité & finesse en un petit friand comme luy! Puis rians de mon invention luy disoyent: Chastiez le, de par le diable chastiez le, si vous voulez que Dieu vous face bien: Ce qu'il faisoit sans iamais faire autre chose: Et partant incessamment ie le conduisoye par le plus meschant chemin: & là où veoye des pierres, le faisoye passer par elles, ou bien par le beau milieu de la bourbe: Et combien que cependant ie ne marchoye par lieu gueres essuyé, ce non obstant ie prenoye plaisir en me creuant vn œil, pour creuer les deux à celuy qui n'en auoit point. Par ainsi ordinairement auec le bout des doigts me tastoit le derriere de la teste, lesquelles mains m'auoyent desja tout empoullé, & laissé sans vn seul cheueux.

Et

Et encores que ie iurasse que ne le faisoye malicieusemét, c'estoit pour neát: car il me croyoit moins. Mais aussi ce traistre estoit vn hôme d'vn grand sens, & tres-aigu d'entendement. Donques, Monsieur, à ce que voyez iusques où s'estendoit l'esprit de cest aueugle rusé, veux deduire un affaire de plusieurs, qui m'aduindrent auec luy, par lequel, à mon iugement, monstra assez combien il estoit cauteleux.

Comment Lazare trompa son maistre l'aueugle en diuerses manieres.
Chapitre VII.

Quand nous partimes de Salamanque, son dessein estoit venir au royaume de Tolette, pour-ce qu'il disoit que les gens y estoyent plus riches, encores que moins aumoniers, s'appuyant au prouerbe commun, qui dit: Plus donne le dur que le nud. Ainsi fimes ce voyage par les meilleures villes & villa-

ges: & là où trouvions bon recueil & proufit, y demeurions quelques iours: & si non, le trois-jesme iour achevions nostre an. Depuis estans arriuez à vn village qui s'appelle Almorox, en téps de vendanges, vn vendágeur luy fit aumosne d'vn raisin: Et pour ce que les paniers sont aucune fois rompus, qui cause que les raisins se degrument, ou pour-ce qu'en ce temps les raisins sont trop meurs, ce raisin se desgrumoit tout entre ses mains: parquoy s'il l'eut voulu mettre en nostre sac, se fut tourné en moust, & eut maculé tout ce qui luy eut touché. Dont en partie pour-ce qu'il ne le pouuoit porter, en partie aussi qu'il me vouloit tenir content, pour certains horions & coups de genoux, que tout ce iour m'auoit donné, delibera faire vn banquet. Estans donc peruenus à vne petite vallee nous asimes, & dit: Lazare, ie veux user maintenant enuers toy gráde liberalité: C'est que nous mangerons
tous

tous deux par compagnie ce raisin, tu en auras autant que moy, & partirons de ceste maniere: Tu en prendras vne grume & moy l'autre, sous condition que me promettez de n'en prendre non plus d'vne côme moy chascune fois, iusques à ce qu'il soit acheué; par ainsi n'y aura point de fraude. Incontinent l'accord arresté commençames, mais le traistre changea d'auis: car tost apres mangeoit deux à deux, pensant bien que ie feroye comme luy: ce que ie fi, car voyant qu'il enfraignoit la condition, ne fu content manger comme luy deux à deux, mais trois à trois, voire plus si ie pouuoy. Or quand nous eusmes acheué de manger le dit raisin, il se detint vne grande piece, ayant tous-jours la grappe d'iceluy en la main, puis en croulant la teste, dit: Par Dieu, Lazare, tu m'as trompé, car i'ose bien dire que tu as prins les vnes trois à trois. Soubs vostre grace, oncle, di-ie; mais d'où le pensez vous? Scais tu en
quoy

quoy ie le cognoy? pour-ce, dit-il, que ie mangeoye les vnes deux à deux, si ne me sonnois mot. Ie me mis à rire entre dents, & encores que ie fusse en mõ ieune age, neantmoins ie notay bien la discrete cõsideration de l'aueugle. Or Mõsieur, pour euiter prolixité, laisseray à raconter plusieurs choses, autant gratieuses, comme dignes d'estre notees; lesquelles m'escheurent auec ce mien premier maistre. Toutesfois acheuant, veux dire la derniere: Nous estions en vne ville du Duc d'Escalone, nommee Escalone aussi; & quand nous fumes au logis, mon aueugle me donna vn peu d'andoulle pour rostir: Puis quãd il eut mangé le pain engraissé du degout d'icelle, me dõna vn double, pour luy apporter du vin de la tauerne. Adonc le diable (qui, comme l'on dit, fait des hõmes larrons,) me mit l'occasion deuant les yeux pour le tromper: car aupres du feu estoit vn naueau court, grosset, &
fleu-

fleutri; lequel casuellement auoit esté
getté là, pour-ce quil n'auoit rien valu
pour cuire au pot. Et comme nous deux
alors fussions seuls, ioint aussi que j'a-
uoye vn enragé appetit, à cause de la sauoureuse odeur de l'andoulle, de laquelle seulement auoye desir de participer,
sans auoir esgard à ce qui en pourroit
aduenir, postposant toute crainte exe-
cutay mon desir: Car tandis que l'aueugle cherchoit le double en sa bourse, je
tiray l'andoulle, puis tout soudain en
lieu d'icelle embrochay ce fleutri naueau. Lors mon poure maistre, si tost
qu'il m'eut donné l'argent, commença
à tourner la broche au feu, rotissant celuy qui pour ses demerites auoit eschappé d'estre boulli. Et m'en allant querir
du vin, j'eu mangé incontinent mon
andoulle. Et quãd je fu reuenu, trouuay
mon povre aueugle exprimãt ce malotru naueau entre deux leches de pain;
qui n'en estoit encores aduisé, pour ne
l'auoir

l'auoir tasté auec les mains. Or comme depuis il mordit dans ce pain auec belles dents, pensant mordre en la dite andoulle, se trouua aussi froit que le naueau. Dont forcené de rage me le monstrant, dit: Lazare, qu'est ceci? Miserable que ie suis, di-ie, me coulpez vous de quelque chose? ne vien ie pas de querir du vin? quelcun doit estre venu ici qui l'a fait, pour se truffer de vous. Non non, cela n'est pas vray, dit-il: car ie n'ay point abādōné le haste de la main. Lors ie commençay à jurer voire parjurer, que i'estoye innocent du fait. Mais cela ne me proufita rien: pour-ce qu'aux finesses de ce mauuais aueugle chose n'estoit cachee. Dès incontinent se dressa en pieds, & me prenant par la teste, s'approcha pour me flairer: si cogneut mieux que n'eut fait vn chien, couchāt à mon haleine, que l'auoye mangé.

Com-

Comme l'aveugle fit desgoziller au Lazare son vallet l'andoulle qu'il avoit mangé.
Chap. VIII.

ET pour mieux s'informer de la verité, en la grande fascherie qu'il estoit, m'ouurit la bouche plus que de droicture, & tout hors de sens me mettoit dedans son long & affilé nez, mesmes à celle heure qu'il estoit creu par l'ennuy d'vne grande paume, tant que le bout d'iceluy m'entroit iusques au gosier. En sorte que tant pour la crainte que i'eu, (& pour-ce que l'andoulle en si peu de temps encores n'estoit raisise en l'estomach,) comme principalement pour la turbation qui me vint à cause de ce grand nez, ie demeuray presque suffoqué. Aussi toutes ces choses iointes furent cause, que ma gourmandise fust descouuerte, & que l'andoulle tournast à son maistre: pour-ce que mon malheureux estomach fut tant alteré, auant que ce mauuais aueugle tirat ce vilain nez de ma gorge, qu'il luy rendit le larrecin: tellement que son nez & la malmaschee andoulle saillirent ensemble de ma bouche par belle compagnie. Helas si ie fusse alors enterré, veu que i'estoy des-ja mort? Le courage de ce peruers estoit si desordonné, que si lon ne fut venu à mon aide, il m'eut osté la vie. Lon m'arracha de ses mains, lesquelles estoyent pleines de si peu de poil des cheueux qui me restoyent. Le visage esgrafigné, le derriere de la teste & le col tout escorchez; ce qu'il meritoit mieux que moy, eu esgard que par sa meschanceté ces afflictions me venoyent. Le faux vilain contoit à tous ceux qui venoyé là mes desfortunes; non seulement vne, mais vne & deux fois, tant celles du pot & raisin, côme ceste derniere. La risee de tous estoit si grande, que tous ceux qui passoyent par la rue estoyent contrains entrer voir la feste. Aussi le bon aueugle recitoit mes affaires par si bonne grace

&

& belle gaudisserie, qu'il me sembloit à
moy-mesme que ie luy faisoy grãd tort,
(iaçoit que ie ploroye pour la douleur
qui me pressoit,) si ie ne rioye côme les
autres. Or ce pendant me vint en memoire vne couardise & faute de cœur
mienne, dont i'estoy pire qu'enragé: Ce
fut pour ne luy auoir coupé le nez, puis
qu'il m'estoit venu si à propos, que i'e-
stoy en mi chemin; car en serrant seulement les dẽts, il fut demeuré chez moy:
Et certes ie croy que, pour estre le nez
de ce meschant, mon estomach l'eust
mieux sceu retenir que l'andoulle; &
d'autre part ne se trouuant, i'eusse peu
nier la demande: Et pleut à Dieu que ie
l'eusse fait, car il n'en fust ny plus ny
moins. L'hostesse & ceux qui estoyent
presens depuis nous firent amis; & la-
uerent mes playes auec le vin, que i'a-
uoy apporté pour le souper de ce mauuais aueugle; lequel sur ce caquetoit
mille gaudisseries, si disoit: Ce valet me

B 6   fait

fait plus de gaſt en vin & lauatoires au bout de l'an, que ie n'en ſçauroy boire en deux; & me diſoit: Lazare, tu es plus tenu au vin, qu'à ton pere: car poſé que ceſtuy t'ait donné vne fois la vie, celuy te l'a reſtituee plus de mille: Et à ce propos contoit combien de fois il m'auoit nauré & rompu le viſage, & côme incontinent i'eſtoye gueri par le benefice du vin: D'auantage, Lazare, diſoit-il, je te promets, que ſi quelcun à d'eſtre bien-heureux en vin, ce ſera toy. Dont i'eſtoye pire qu'enragé, & ceux qui me lauoyent ne ſe pouuoyét garder de rire.

Comment Lazare laiſſa ſon aueugle, apres s'eſtre vengé de luy.
Chapitre IX.

OR ſa prognoſticatiõ ne fut vaine: Auſsi dès lors me vient pluſieurs fois en memoire, car ſans doute il auoit quelque eſprit de prophetie. Et par ce me deſplait des faſcheries que ie luy fi,
enco-

encores qu'à bon droict: Considerant ce qu'il m'auoit dit ce iour, m'aduenir ni plus ni moins qu'il l'auoit prophetizé; comme oüirez ci apres. Ayant veu les raisons que ce maling faisoit de moy, deliberay le laisser de tous poincts: Au moyen dequoy le ratifiay comme ie l'auoye pourpensé, à cause de ce dernier tour qu'il me fit. Or le cas aduint ainsi: Le lédemain matin allames par la ville à demander l'aumone, encor qu'il pleut tout le iour, comme auoit pleu toute la nuict: Mais en ce village auoit des appendins aux maisons, sous lesquels il alloit, disant les oraisons, à fin de ne nous mouller point. En fin comme la nuict approchoit, & ne cessoit de plouuoir, il me dit: Lazare, ce temps est opiniastre, & tant plus la nuict serre, tant mieux pleut; retirons nous au logis de bonne heure. Or pour y aller auions à passer outre vn ruisseau, qui couroit par la rue, & estoit creu par la grande pluye;

B 7 pour-

pour-ce ie luy di: Oncle, le ruisseau est trop large, toutefois, s'il vous plait, ie voy là vn lieu assez estroit, par où le pourrons trauerser sans nous mouller, ains sautant le passerons à pied sec. Mon conseil luy sembla tres-bon, si me dit: Ie t'aime, Lazare, de quoy tu es si aduisé: Meine moy donc à cest endroit du ruisseau : Car d'hyuer l'eau n'a point de goust, mesme mét aux pieds. Adonc voyant l'appareil à mon souhait, le menay aussi tost hors des estres, le conduisant vis à vis d'vn pilier de marbre, qui là estoit, lequel & autres sustenoyét les hauuents, & luy di: Oncle, voy-ci le pas le plus court du ruisseau. Lors sans aucun delay le poure hôme se fia de moy, tant pour l'hastiueté qu'il auoit pour saillir de l'eau, qui le perçoit iusques aux os; comme mesmement, puis que Dieu en ce poinct l'aueugla d'entendement, à fin que i'eusse occasion pour me venger de luy, & me dit: Sus dôc mets moy en bon en-

endroit, & saute le premier. Aussi fi-ie: car l'ayant mis tout au droit d'vn marbre, tant qu'il me fut possible, ie sautay de l'autre costé, & me posay derriere le dit marbre, cõme celuy qui veut attendre rencõtre de toreau, & luy di: Oncle, sautez hardiment tant que vous pourrez, à fin de ne vous mouller. Et à peine auoy-ie acheué de luy dire, qu'incontinent le poure aueugle des-ja balançoit tout son corps comme vn bouc, & auec toute sa force se print à courir, tournant vn pas arriere de la course, pour mieux sauter: De sorte qu'il heurta si vilain coup contre ce diable de marbre, qu'il sonna aussi fort, comme si lon eut cassé quelque grãde bouteille de courge, dont il cheut à l'heure. Et qu'est cela, Oncle? di-ie, vous sentistes bien l'andoulle, & n'auez peu sentir le marbre, sentez, sentez. Ainsi le laissay entre les mains de plusieurs qui accoururent à son aide, & gaignay au pied, commençant à trotter si roidemēt, que premier qu'il fut nuict j'arriuay à Torrijos. Depuis ne sceu, ni me chaloir de sçauoir que le poure diable deuint.

Comme Lazare print parti avec vn laboureur, & du traitement qu'il eut avec luy.
Chapitre X.

L'Autre iour ensuiuant, pensant que illec ie n'estoy seur, m'en allay à Maquede, où ie me rencontray vn laboureur, lequel, en luy demandant l'aumosne, me dit, si ie sçauoy aider à son estat: Ie di qu'oüy, & combien que fusse mal en ordre, vn aueugle neantmoins m'auoit enseigné mille bonnes choses, desquelles celle ci estoit l'vne. Au moyé de quoy ce bon laboureur me retient à son seruice. Or si i'auoy eschappé du tonnerre, ie tombay en la foudre. Car mon aueugle au pris de cestuy-ci estoit vn grand Alexandre, iaçoit ce qu'il fut, comme par auant l'ay dedui, la mesme

aua-

auarice. Sōme toute la misere du monde estoit enclose en cest autre. Ie ne scay toutefois s'il estoit ainsi auare de nature, ou s'il estoit deuenu par cas : cest homme auoit vn grand coffre vieux fermant à la clef, laquelle il portoit pendante à vne esguillette de son saye. Et incontinent qu'il receuoit quelque chose, subit de sa propre main le iettoit dedans, n'oubliant iamais de le serrer. En sorte qu'il n'y auoit rien que manger par toute celle maison, comme de coustume lon trouue aux autres, quelque lard accroché en la cheminee, quelque formage sur vn ais ou dedans vne armaire, ou vne corbeille auec quelque morceau de pain des reliefs de table : Car encore que ie ne l'eusse mangé, la veue pour le moins m'eust conforté. Seulement auoit en vne chambre, qui ordinairemēt estoit fermee auec la clef, vne chaine d'oignons assez gros, desquels il m'en donnoit ordinairement vn, de qua-

quatre en quatre iours. Et quand ie luy demandoye la clef pour l'aller querir, si quelqu'vn estoit present, il mettoit la main en son sein par beau semblant, & l'ayant desliee me la donnoit, disant: Tiens & retourne vistement, & ce pendant ne fais sinon gourmander. Ni plus ni moins que si toutes les confitures de Valence fussent gardees sous celle clef: n'y ayant toutefois, comme i'ay dit, autre chose, sinon ceste chaine d'oignons, pendue à vn clou: Lesquels il tenoit si bien contez, q̃ si par cas d'aduēture i'en prinsse plus de mon ordinaire, ie l'eusse cherement cõparé. Finablemẽt ie mouroy de faim, & posé qu'il vsast enuers moy de charité, si est-ce qu'il en vsoit enuers luy de quelque peu d'auantage. Car il auoit coustumierement pour disner & souper pour vn liard de chair: vray est qu'il departoit le broüet entre nous deux, mais de la chair autant qu'il en pleut. Quant au pain, pleut à Dieu
qu'il

qu'il m'en eut dõné à demi mon saoul. Or l'on fait coustume en tout ce païs d'Espagne de máger les testes de mouton: à raison de quoy m'enuoyoit tous les samedis en acheter vne, qui coustoit enuiron quatre deniers: De laquelle estant cuite il mangeoit les yeux, la langue, le col, le cerueau, & la chair des maschoires, lesquelles depuis me donnoit toutes nues au plat, disant: Prens, mange, gaudi, tu as mieux de quoy faire bonne chere que le Pape. Telle te la doint Dieu, disoy-je tout à part moy. Au bout de trois semaines q̃ i'eu demeuré auec luy, ie deuins si maigre, q̃ ie ne me pouuoy soustenir sur mes iãbes, pour la grande faim que i'auoye enduré. Et vey clerement que i'estoye en grand danger de mourir, si Dieu par sa grace auec sçauoir ne m'eussent donné moyen aucun pour vser de mes finesses, pour n'auoir sur quoy mettre la main. Et iaçoit ce qu'il y eut eu quelque

que chose, il estoit impossible de le tromper, comme ie faisoye l'aueugle, que Dieu absolue s'il est mort: Lequel mis le cas qu'il fut bien rusé, si est-ce que pour estre priué de ce sens precieux de la veue, il ne me pouuoit voir. Mais cest autre auoit la veue plus aigue qu'vn ling. Durant le temps que ie vesquis, ou (pour mieux dire) languis auec luy, iamais ne m'enuoya à la tauerne tant seulement querir pour vn denier de vin. Car si peu qu'il gaignoit le mettoit en son coffre, & l'espargnoit tellement, qu'il en auoit pour toute la semaine. Et pour couurir son auarice, disoit: Mon enfant, nous deuons estre sobres en boire & en manger, & pour-ce ne m'ose desreigler, comme font aucuns. Mais le bon auaricieux en parloit tout au rebours de la verité: car au contraire, où il mageoit aux despens d'autruy, il mangeoit plus que quatre, & beuuoit comme vn donneur de bon iour.

iour. Mais quant à ce propos (Dieu me le pardonne) ie ne fu onques tant ennemi de nature humaine, comme en ce temps là : car non feulement ie defiroy, mais aufsi prioy Dieu (à fin de me faouler de boire & de manger) que chacun iour luy allat menger aux defpens d'autruy. Et quand nous allions, alors que mon maiftre me cōmandoit que ie priaffe pour luy qui nous auoit appellé à fon difner, feuremét ie n'eftoye des derniers en l'oraifon, mais de tout mon cœur & tres-volontiers prioye Dieu, non pas qu'il ordonnat d'iceluy à fa volōté, (cōme eft la couftume de prier) finon tant feulement qu'il l'oftat de ce monde, à fin d'auoir quelque chofe de fes biés; & fi quelcun d'eux efchappoit, i'eftoye (de quoy ie cri merci à Dieu) en branfle de le dōner au diable, plus de mille fois : Et au contraire, celuy qui fe mouroit auoit efté par moy autres tant de fois recōmandé à Dieu.

Com-

Comme Lazare faisoit bonne chere aux maisons de gens de bien, sans despens de son maistre, au reste mouroit de faim avec son maistre.

Chapitre XI.

OR durãt le temps que ie demeuray auec luy, qui fut enuiron six mois, moururent seulement vingt personnes, & encores ce fut à mon aueu, ou pour mieux dire, à cause de mes oraisons: car Dieu voyant la mort enragee que ie souffroye incessammẽt, prenoit plaisir, au moins ce m'estoit aduis, à les oster du monde, pour entretenir ma vie; veu que pour lors ie ne pouuoye trouuer autre remede à mon mal, & que ie viuoy seulement les iours que nous auions telles moyẽs, & ne le sentoy beaucoup plus que les autres qui n'en auoyẽt point, pour-ce que j'estoy accoustumé à faire bonne chere, quãd me falloit retourner à ma faim ordinaire. Finablement ne pouuant trouuer reme-

remede à mon mal, fors qu'en la mort;
laquelle pour-ce q̃ ie ne l'auoye point,
combien que tous-jours elle fut auec
moy, ie desiroye pour moy aucune fois,
aussi bien comme pour les autres. Ie
deliberay plusieurs fois de m'en aller
d'auec ce miserable maistre: toutesfois
ie changeoy de propos pour deux raisons: L'vne, pour-ce que ie me descon-
fioy de mes jambes, pour la grande de-
bilité qui de la faim leur estoit proue-
nue: L'autre, que ie reduisoy en memoire mes deux maistres, le premier
desquels me faisoit mourir de faim, lequel ayant laissé, auoy rencontré cest
autre, qui de ce mesme mal me tenoit
sur le bord de la fosse. Au moyen de
quoy faisoy conte, que si ie laissoy ce
second, & i'en rencõtrasse vn tiers, qui
fut pire q̃ les deux autres, me faudroit
mourir necessairement. Cognoissant
donc seurement, que le trois-iesme degré seroit pire que les autres, tellement
que

que Lazare seroit tantost mis en oubli, sans q̃ iamais l'on parlat de luy au monde, determinay de ne me bouger d'auec luy. Or estant en si grāde affliction, (que Dieu par sa grace deliure tout fidele Chrestien de semblable) que mon cas, sans que i'y sceusse donner ordre, alloit tousiours de mal en pis. Vn iour (ce mien malotru, mauuais, & miserable maistre estant sorti de la maison) vn chaudronnier passa par deuant nostre porte, lequel sans faute deuoit estre quelque Ange desguisé, que Dieu m'auoit enuoyé, & me demanda si ie vouloy faire rabiller quelque chose. Adonc ie disoy à par moy: vous auez assez que radouber en moy, & si seroit bien tant que vous pourriez faire de me raccoustrer. Toutefois comme alors n'estoit loisible employer le temps en farceries, luy di par inspiration diuine: Oncle, i'ay perdu la clef de ce coffre, dont i'ay peur que mon maistre me foüettera: Ainsi
Dieu

Dieu vous garde, que cherchez entre celles que portez, s'il y en a aucune qui le sceut ouurir, & elle vous sera bien payee. Incontinent ce bon homme (qui, comme i'ay dit, estoit sans faute quelque bon Ange) se print à esprouuer vne clef & autre, de celles qu'il portoit en sa trousse, & ce pendant ie luy aidoye auec mes poures oraisons. En sorte que sans y prendre garde, il ouurit ce coffre. Dont ie fu si aise, qu'il me sembla voir la face de Dieu, (cōme on dit) voyant les pains qu'y estoyent dedans. Ie luy di: Oncle, ie n'ay point d'argent pour payer vostre clef, toutefois s'il vous plait prendrez là vostre payemét. Adonc il print vn pain des plus beaux, & me donnant la clef, s'en alla tres-content, & ie le demeuray encores plus que luy, iaçoit que ie ne touchay en rien pour lors, à fin que la faute ne fut si tost cogneüe, en partie aussi pour-ce q̃ ie me vey estre seigneur de si grand bien: car il m'estoit aduis,

C par

par le moyen de ceste clef, que la famine ne s'oseroit approcher de moy. Si tost apres voy-ci venir mon miserable maistre, lequel toutefois (mais aussi Dieu le vouloit) ne se print garde du pain que le chaudronnier auoit emporté. Le lendemain matin i'ouuri mon paradis de pains, & en prins vn auec les mains & belles dents, de maniere qu'en deux paroles le fey inuisible. Puis commençay, aussi tost que i'eu serré le coffre, à balier allegement la maison, pour-ce qu'il m'estoit aduis que dès là en auant pourroye remedier à ma poure vie. Ayant passé ce iour & l'autre ensuiuant ioyeusement, ma fortune me fut si contraire, que le bien ne me peut durer: Car droitement le trois-iesme iour ensuiuát me vint la fieure tierce, pour-ce que ie vey, celuy qui me tuoit de faim à heure non accoustumee fouller, chercher, conter & reconter les pains du dit coffre. Et iaçoit que ie contrefaisoye de ne le voir oint,

point, si prioy-ie toutefois Dieu, & disoye en mes oraisons secretes: Sire sainct
Iean, aueuglez cest homme. Or apres
auoir demeuré long temps contant les
dits pains, il fit encores conte par ses
doigts, puis me dit: Si ce n'estoit que ce
coffre est en bonne seureté, ie diroye que
le nombre de ces pains est diminué: Neantmoins d'ici en auant veux tenir vn
conte d'iceux, pour fermer l'huis au
soupçon; il y en demeure neuf & vn
quartier. Telles nouuelles te doint Dieu,
di-ie à part moy: aussi pour le seur il me
fut aduis qu'en disant cela il m'eut per-
cé le cœur tout outre auec vne sagette.
Et à l'instant l'estomach me commença
à chatouller de faim, voyant luy estre
force retourner à la diete deuanciere.
Depuis quād mon maistre s'en fut allé,
i'ouuri le coffre, pour me conforter; &
voyant les pains, desquels ie n'osoy mā-
ger, les cōtemploy & conroy, pour voir
si ce miserable se feroit point mesconté:
tou-

toutefois ie trouuay le conte plus rond, que ie n'eusse voulu de la moitie, d'autant que ie n'en tiroy autre proufit, hormis le baiser mille fois: Ie coupay vn peu de l'entamé, le plus subtilement qu'il fut à moy possible, par le mesme fil qu'il auoit esté coupé au par auant, & auec ce passay ce iour, non toutesfois tant alegrement comme le deuant. Or pour-ce que i'auoy fait estat ces deux ou trois iours de manger beaucoup de pain, l'appetit me croissoit en l'estomach en sorte, que ie mouroy de faim. Au moyen de quoy, incontinét que i'estoy seul, faisoy estat d'ouurir & serrer ce coffre, contemplant ce pain comme Dieu. Toutefois Dieu, qui secourt tousiours aux affligez, me voyant en telle necessité, me reduit vn petit remede à la memoire; ce fut que ie pensoy à part moy: Ce coffre est vieux, & brisé par plusieurs endroits, & iaçoit q̃ les trous sont petits, si est-ce qu'il pourra penser
que

que les rats sont entrez dedãs, & auront dommagé le pain: Aussi d'en tirer vn tout entier, il ne se peut faire, sans que celuy, qui en si grande mal-heurté me fait languir, s'en préne garde. Ceci bien se souffre, disoy-ie alors, egratignant le pain sur vne nappe, qui là estoit d'assez petite valeur, comme si vne souris eust passé: De sorte que prenant l'vn & laissant l'autre, i'en diminuay vn peu de trois ou quatre: apres le mangeay, allegeant vn peu mon estomach. Toutefois quand il vint disner, ouurit le coffre, & aussi tost cognoissant le gast, estima sans doute que les rats l'eussent fait: car ie l'auoye proprement contrefait, tout ainsi qu'ils ont accoustumé de faire. Et par ce il visita le coffre d'vn bout à l'autre, auquel trouua certains trous, dont soupçonna iceux auoir par la entré. Si m'appella, disant: Lazare, regarde, regarde la persecution aduenue ceste nuict sur nostre pain. Adonc ie fi de l'esbahi, luy demandant que ce pouuoit estre. Que seroit-ce? dit il, souris, qui ne laissent chose entiere. Et ce pendant nous mismes à table, & Dieu voulut que ie fusse mieux liuré: car il me donna plus de pain q̃ la mesure accoustumee, coupant tout à l'entour auec vn cousteau, ce qu'il pensoit que les rats auoyẽt touché, & me disoit: Mange hardimẽt cela, car les rats sont nets. Iaçoit que i'augmentay ma portion par le labeur de mes mains, ou pour mieux dire, de mes ongles, si est-ce q̃ no' acheuames de disner, quand à peine i'auoy bien commencé.

Subtilité du Lazare, pour auoir du pain son saoul.

Chapitre XII.

TOst apres me suruint vn autre sursaut: car ie le vey trop curieux à oster les cloux des murailles, & chercher petites planchettes de bois, auec lesquelles il serra tous les trous de la vieille

vieille arche. O Seigneur Dieu, di-je alors, à combien de fortunes, perils, & calamitez sont subjets les viuans, & que de courte duree sont les delices de nostre peneuse vie! Me voy-ci que ie cuidoye d'ici en auant par ce triste moyen remedier & soulager ma misere: Mais lors que i'estoy des-ja côtent & de bonne auenture, mon mal-heur n'y voulut accorder, lequel esueilla ce mien auare maistre, le faisant plus diligent, qu'il n'estoit de son naturel: car condamnant les trous du coffre, fermoit la porte auec mon alegresse, & l'ouuroit auec ma peine. De ceste maniere me complaignoy, tandis que le nouueau & curieux charpentier, à force cloux & planchettes, mit fin à son œuure, & qu'il dit: A ceste heure, faux vilains rats, ie croy qu'il vous faudra châger de propos, car ceans ferez bien peu de proufit. Or apres qu'il s'en fut allé, ie regarday sa besoigne, & trouuay qu'il n'auoit laissé au pauure

vieux coffre vn trou tant seulement, par lequel sceut entrer vn mouscherõ: Toutefois, sans espoir de proufit, l'ouuri auec ma clef inutile: Et voyant les deux ou trois pains entamez, lesques il auoit pensé estre ratonnez, ie prins encores d'iceux vne misere, les touchant superficiellement, à façon d'vn dextre escrimeur. Or comme la necessité, qui pour lors me tenoit saisi, soit tant grãde maistresse, nuict & iour ordinairement me faisoit penser au moyen & remede, qu'il me falloit vser pour entretenir ma poure vie: & estime que, pour l'excogiter la faim me monstroit le chemin, aussi par icelle, comme on dit, l'entendemét deuient plus aigu; ce qu'aduient tout au contraire par trop grande repletion: & ainsi pour le seur ie l'ay experimenté en moy. Or estant vn soir pensif sur cest affaire, cherchant moyen de tirer quelque proufit du dit coffre, voyant que mon maistre dormoit, au moins par son ron-
Ae-

flement & grand sifflement le mõstroit,
me leuey bien adroit; & comme i'eusse
pourpensé le iour, ce que i'auoye à faire
la nuict, laissay vn vieux cousteau, qui
trainoit par la maison, en lieu où ie le
peusse trouuer au besoing, & m'en allay droit vers le coffre; lequel, par la
partie qui m'auoit semblé seroit de
moins de defence, i'assailli auec mon
cousteau, qui me seruoit de foret: Lequel, à cause de la vieillesse, estoit non
seulement sans force & sans cœur, ains
tres-doux & vermoulu: Par ainsi se rendit incontinent, & consentit luy estre
fait vn grand trou. Cela fait, ouuri bien
adroit le coffre nauré, & ayant cogneu
par le tastement le pain entamé, fey ce
qui estoit en moy. Et par ce moyen estát
vn peu reconforté, apres l'auoir fermé,
m'en retournay sur ma paille: sur laquelle ie reposay & dormi vn petit,
voire à grande peine, pour-ce à mon
aduis que i'auoye trop peu mangé, &

C 5 sans

sans doute cela le faisoit, & non autre chose: car pour certain les pensees du Roy de France ne me destourboyent mon sommeil. Le lendemain mon maistre, ayant veu le dommage que i'auoy fait, tant au pain qu'au coffre, commença à donner au diable les rats, disant: Qu'est ceci? ie n'ay onques veu souris ceans iusques maintenant: & sans doute deuoit estre vray; car si maison en tout le royaume deuoit estre priuilegiee d'iceux, celle deuoit estre par raison: car ils n'ont accoustumé frequenter les lieux, ausquels il n'y a rien à manger. Il retourna derechef à chercher cloux & tablettes par la maison, pour fermer le pertuis nouuellement fait. Mais la nuict venue, si tost qu'il dormoit, i'estoy au pied auec mon oustil; tellemét que tant qu'il en serroit le iour, autant i'en ouuroye la nuict. Finablement l'vn à l'autre nous donnions si grande peine, que pour-ce fut fait ce prouerbe: Quád vne
por-

porte est ferree, l'autre s'ouure. Aussi vous eussiez dit, qu'auions pris à tasche la toille de Penelopé, car tout ce qu'il faisoit le iour, ie rompoye la nuict. Tant que nous reduismes iceluy en tel estat, que qui l'eut voulu comparer, plus tost l'eut appellé brigādine du vieux temps, que coffre, par le nombre des cloux qu'il auoit. Or quand il veit que ces remedes ne proufitoyent rien, il dit: Ce coffre est si vieux & si vsé, qu'impossible est se defendre plus de ceste vermine: D'autre part si nous y touchons plus, il nous laissera sans garde: Et combien qu'il ne vaut plus gueres, si est ce si nous le rompons, nous cognoistrōs qu'il fait besoin; & me faudra, qui pis est, despendre dix ou douze sols, pour en auoir vn autre. Le meilleur remede que i'ay trouué, veu que celuy de quoy auons vsé ne proufite rien, c'est que tendions vne ratiere par dedans à ces maudits rats. Au moyen de quoy alla en emprunter vne, laquelle il tenoit couſtumierement armee dans ledit coffre, la languette chargee de pellures de formage, qu'il empruntoit de ſes voiſins; cela eſtoit pour moy grande faueur: car encores que ie n'auoy beſoing de gueres grande ſauſe, pour me donner appetit; ce neantmoins les pellures de formage, leſquelles ie tiroye de la ratiere, iointement ratonnât les pains, me faiſoyent grand bien: leſquels quand par apres il trouuoit ratonnez, & le formage mangé, ſans que le rat qui faiſoit le gaſt fut prins, il s'eſmerueilloit fort.

Excuſe ſur vne couleuvre, qu'elle rongeoit le coffre, & mangeoit le pain.
Chapitre XIII.

ET lors il s'enquiſt des voiſins que ce pouuoit eſtre, qu'il trouuoit le formage mangé, & la languette cheute, ſans que le rat qui le mangeoit y demeurat. A quoy les voiſins reſpondirent, que

ce

ce n'estoit rat qui faisoit ce mal; car vne fois il y fut demeuré. Et entre les autres vn d'eux luy dit: Il me souuient qu'vne couleuure souloit venir en vostre maison, & certes le cas est fondé sur raison, que ce soit elle: car elle estant longue peut prendre l'amorce, & combien que la trapette luy tombe dessus, facilement elle se peut retirer. L'aduis de ce voisin satisfit fort à tous, mesmement à mon maistre, lequel en fut si alteré, que dès là en auant dormoit si legerement, que de la moindre chose qui fit bruict dans le bois, il pensoit que c'estoit la couleuure, qui rongeat le coffre. Et par ce dès incontinét il sautoit en pied, auec vn gros baston, lequel dès lors qu'on le luy eust dit, il tenoit au cheuet de son lict, & frappoit d'iceluy si vilaine bastonnade sur le coffre, pour espouuanter le serpét, qu'il resueilloit tous les voisins au bruit qu'il faisoit. Et quant à moy, ie ne dormoy de toute la nuict: car venant vers

ma paille, tournoit moy & elle le dessus dessous, pensant que la couleuure seroit en icelle cachee, ou en mon saye. Aussi il auoit esté informé, que ces animaux, quelquefois cherchant la chaleur, viennent de nuict aux berceaux des enfans, voire les mordent, & mettent en danger de leur vie. Ie faisoy le plus souuent comme celuy qui dormoit. & au matin il me disoit: Ha ha Lazare, n'as tu rien senti ceste nuict? Si est-ce que i'ay chassé le serpent, & crain qu'il s'ira cacher en ton lict: car ils sont tres-froids, & cherchent la chaleur. Dieu vueille qu'il ne me morde, disoy-ie, car ie les crain cōme le diable. Il en estoit en si grande fantasie, q̃ iamais ne dormoit, tellemēt que la couleuure, ou pour mieux dire le couleuure n'osoit rōger de nuit, ni se leuer pour aller au coffre: Mais de iour tādis q̃ mon maistre estoit en l'Eglise, ou par le village, ie faisoy mes insultes: lesquels venus à la notice, voyant qu'il n'y
ou-

pouuoit mettre ordre, il alloit, comme i'ay dit, toute la nuict pire qu'enragé; & pourtant i'eu peur qu'il ne trouuat, par ses diligences, la clef en mon pouuoir, laquelle metroy dessous la paille: A ceste raison, à fin qu'elle fust en plus grande seureté, ie la tenoy de nuict en ma bouche: De laquelle faisoy tel estat d'en faire bourse, dès le temps que demeuray auec mon aueugle, qu'il m'aduint quelque fois y tenir douze ou quinze patars tous en mailles, sans qu'ils me destourbassent de mascher. Aussi ie n'eusse sceu autrement iouir d'vn seul denier, que le peruers ne me l'eut trouué: car il ne me laissoit cousture ni rapiessure, qu'il ne me foullast par le menu. Et par tant, comme i'ay dit, ie mettoye tous les soirs ceste clef en ma bouche, & par ce moyen dormoy sans soupçon que mon maistre me l'eust trouué.

Con-

Comme Lazare fust descouvert avoir vne fause clef, & ce qu'il en aduint.
Chapitre XIIII.

TOutefois quand le mal-heur ne se peut excuser, toute diligence est pour neant; mes fatales destinees ou (pour vray dire) mes pechez causerent, qu'vne nuict celle clef qui estoit en ma bouche, laquelle dormant ie tenoy ouuerte, se trouua en icelle de telle sorte couchee, que mon haleine sortoit droit par le pertuis d'icelle, & siffloit si fort, que mon maistre l'entédoit; qui pensant que c'estoit le sifflet du serpent, se leua tout bellement, tenant son gros baston en la main, & au bruict du sifflet s'en vint droit pas à pas à moy, à fin que la couleuure ne le sentit. Or se voyant aupres, pensa pour certain que elle estoit venue en ma paille à raison de la chaleur: Au moyen de quoy haussant de toute sa force le baston, estimāt qu'elle estoit dessous, & qu'il luy donneneroit telle baſtonnade, qui la rendroit morte, deſchargea ſur ma teſte ſi puiſſant coup, qu'il me laiſſa tout eſperdu de mon ſens, & nauré à mort. Lors ayant cogneu qu'il m'auoit frappé, pour la doleance que ie faiſoy à raiſon de ce dangereux coup, racōtoit depuis qu'il s'eſtoit approché de moy, & m'auoit crié pour m'eſveiller: mais quand me taſtoit auec les mains, ſentant l'abondance du ſang qui me ſailloit, cogneut l'outrage qu'il m'auoit fait, & par tant s'en alla haſtiuement querir feu; & me trouua plaignant, apres qu'il fut de retour, ſans auoir abandonné ma clef de ma bouche: Elle eſtoit la moitie dehors, tout ainſi poſsible qu'elle eſtoit quand ie ſiſloy auec icelle. De quoy eſmerveillé le chaſſeur de couleuure la regarda, & l'ayant tiree hors de ma bouche, veit ce qui en eſtoit, à cauſe des gardes, qui eſtoyent totalement ſemblables à celles de la ſienne. Et pour plus

plus grande asseurance l'esprouuant, recogneut tout le malefice. Dieu sçait comme disoit ce cruel chasseur, auoir trouué le rat & la couleuure qui luy donnoyent guerre, & mangeoyent son bien. Neantmoins ie ne sçauroy donner foy de ce qu'aduint de trois-iours apres, hormis ce que i'ay deduit: & ce encor auoy-ie oüy dire à mon maistre, depuis que ie fu retourné en mon sens; car il le recitoit souuentesfois à tous allans & venans. Au bout de trois iours me trouuay mieux dispos, couché sur ma paille, la teste emplastree, pleine d'huile & oignemens. De quoy fort esbahi, demanday que c'estoit. A quoy respondit le cruel: Ian ce sont les rats & couleuures, qui me destruisoyent, que i'ay chassez. Adonc reduisant mes affaires à la memoire, & me voyant si mal traité, imaginay aussi tost la cause de mon mal-heur. Cependant voy-ci entrer les voisins, qui commencerent à m'om'oster les bandes de la teste, & medeciner mes playes; & tres-aises de me voir en mõ bõ sens, disoyẽt: Ce ne sera rien, Dieu aidant, puis qu'il est retourné à soy. Puis illec rians contoyent de nouueau mes affections, pour lesquelles estoy contraint de plorer. Et me voyans si transi de faim, qu'à peine me pouuoyent remettre en nature, peu à peu me firent manger au mieux qu'ils peurent: En sorte que ie me leuay, estãt demi gueri, mais nõ sans faim, le quinziesme de la date, & le seiziesme monsieur mon maistre, me prenant par la main, me ietta dehors; puis quand ie fu en la rue, me dit: Lazare, d'ici en auant tu seras en liberté, & non pas en ma subjection: A Dieu, va, cherche maistre; car ie n'ay besoin de si diligent seruiteur en ma compagnie: onques ne lairray à croire, que tu n'ayes esté seruiteur d'aueugle. Finablement tout ainsi comme si i'eusse esté endemonié,

d

de peur qu'il auoit de moy, fit le signe
de la croix, puis rentra en sa maison, &
poussa la porte apres luy.

Comme Lazare print parti avec vn Escuyer,
& de ce qu'il luy advint estant avec luy.
Chapitre XV.

DE ceste maniere fu contraint tirer force de foiblesse : parquoy
peu apres paruins à l'insigne cité de
Tolette, en laquelle, Dieu merci, ma
playe se serra. Et tandis que i'estoy malade, lon me dōnoit quelque aumosne :
Mais si tost que ie fu gueri, lon me disoit que i'estoy vn paresseux, & pourquoy ie ne cherchoy à qui seruir. Et où,
disoy-je à part moy, trouueray-je vn
maistre, si Dieu nouuellement ne le
creoit, comme il crea le monde ? Or
demandant de porte en porte pour
Dieu, ie trouuay bien peu de remede;
pour-ce q̃ des-ja la charité estoit mon-
tee au ciel : Toutefois Dieu me fit ren-
con-

contrer vn Escuyer bien vestu & bien
peigné, ses pas compassez & bien ordonnez, lequel me regardant & moy
luy, dit: Garçon cherche tu maistre?
Oüy Monsieur, di-je. Vien donc quand
& moy, me respondit-il: Dieu t'a fait
grande grace de m'auoir rencontré; &
sans doute tu as dit ce matin quelque
bonne oraison. Par ainsi le suiui rédant
graces à Dieu, tant pour-ce qu'il me
disoit, cóme pour-ce qu'il me sembloit
homme de bien; voire tel que i'en auoy
besoin. Quád ie trouuay ce mien troi-
iéme maistre, c'estoit de grád matin, au
moyé dequoy me mena apres luy quasi
par toute la cité. Nous passames par les
places où lon vendoit le pain & autres
prouisions: dont ie pensoy qu'illec me
chargeat de viure, pour-ce que c'estoit
l'heure cómode à ce faire: Mais il passoit de large à pas ouuert. Par auenture
ce pain n'est pas à son gré, disoy-ie; ou
bien il voudra qu'é achetiós en quelq;

autre

autre endroit. Toutefois nous nous pourmenasmes ainsi iusques à onze heures, qu'il entra en la grande Eglise, & moy apres, & oüit fort deuotement Messe, & les autres diuins offices, iusques que tout fut acheué, & les gens retirez; q̃ nous saillimes aussi, & commençames à marcher le long de la rue à beau pas tendu. Quant à moy i'alloy le plus gay du mõde, pour-ce que nous estions arrestez pour chercher à disner: car ie pensoy que ce mié nouueau maistre estoit quelque grand personnage, qui tenoit sa maison pourueue de longue main, & que trouuerions le disner tout appareillé. Mais cependant frappa vne heure apres midi, premier que arriuer en vne maison, deuant laquelle mon maistre s'arresta, & moy quant & luy; & mettãt sa cappe en escharpe sur l'espaule gauche, tirant vne clef de sa manche, ouurit la porte, & entrasmes dedans: L'entree d'icelle estoit si tres-
obscu-

obscure & lugubre, qu'elle faisoit crainte à ceux qui entroyent leans, encor qu'il y auoit vne petite court, & mediocres chambres. Et quand nous fumes dedans, il despoulla sa cappe, me demandant si i'auoy les mains nettes, nous la secoüimes & pliames; puis soufla nettemét vn accoudoir qui là estoit, sur lequel il l'entreposa: cela fait s'afsit aupres d'elle, & m'interrogua à loisir d'où i'estoy, & comme i'estoy arriué à la cité. Ie luy rendi plus longue raison que ie n'eusse voulu; pour-ce q̃ l'heure me sembloit plus decente à mettre la viande sur table, & à dresser le potage, qu'à faire enquestes. Neantmoins métant le mieux que ie pouuoy, luy donnay bonne raison, racontant si peu de bien qui estoit en moy, laissant à part tout ce qui me sembloit n'estre pour reciter en chambre. Apres il se teut vn petit de temps, pendant lequel ie pensay en plusieurs choses: Ioint aussi
qu'il

qu'il estoit quasi les deux heures apres midi, qu'il ne monstroit aucun semblant de disner, que s'il eut vescu de la grace de Dieu. D'auantage i'estoy esmerueillé de ce qu'il auoit fermé la porte auec la clef, sans que ie sentisse marcher en haut ni en bas ame viuante par tout leans. Et si n'auoy veu autre chose hormis le parois, sans qu'il y eut appuy, scabelle, banc, ni table, ni vn coffre, à tout le moins comme celuy de l'autre annee. Finablement vous eussiez dit que c'estoit vne maison inhabitee. Cependant me demanda si i'auoy mangé. Nenni Monsieur, di-ie, car huit heures n'estoyent encores frappees, quand c'estoit que ie vous ay trouué ce matin. Quant à moy, dit-il, pour matin qu'il fut, i'auoy desjeuné: & quand ie mange si tost, ie ne mange iusques à la nuict: pour-ce passe toy le mieux que tu pourras, nous souperons tant mieux. Vous deuez sçauoir, Monsieur,

sieur, q̃ quãd ie l'oüie dire ces propos, peu s'en faillit que je ne tombasse de l'haut de moy; & ce non pas tant pour la faim, comme pour-ce qu'euidemment ie cognoissoy fortune m'estre si contraire. Lors commençay à ramenteuoir mes trauaux passez, & larmoyer chaudement. Adonc se me representoit le discours que i'auoy fait, quand ie determinoy de laisser mõ laboureur; que ie disoy, iaçoit ce que cestuy-ci est chiche, si est-ce que par auanture tu en pourras trouuer vn autre pire. Brief là ie plouray ma penible vie, & ma prochaine mort. Ce non obstant le dissimulay le mieux qu'il me fut possible, & di: Monsieur, Dieu soit loüé, ie suis vn garçon, qui ne me tourmente beaucoup que le boire ni le manger, & qui m'ose vanter, entre tous mes esgaux, pour l'vn des plus sobres de bouche, estimé tel des maistres à qui i'ay serui. C'est vne grande vertu à toy, dit-il,

pour

pour laquelle ie t'aimeray plus. Aussi saouler est commun aux porceaux, & manger reglemét est d'homme de bien. Oüy oüy monsieur, ie vous enten bien, di-ie à part moy: en despit de tant de remedes & proufits, que ces miens maistres trouuent en la faim.

Comment Lazare portoit le disner de son maistre & le sien dans son sein, de peur de le perdre.

Chapitre XVI.

Aussi tost apres ie me mis derriere la porte, & tiray certains morceaux de pain de mon sein, qui me restoyent de celuy que i'auoy bridé. Mon Maistre le voyát me dit: Vié ça, qu'est-ce que tu manges? Adonc m'approchát luy monstray trois bribes que i'auoy, desquelles il print la meilleure & auantageuse, disant: Pour le seur ce pain a maniere d'estre bon. Et comment Monsieur (di-je) qu'il est bon mesmement en ce temps ici? Oüy ie te promets qu'il est bon, dit-il. Mais où l'as tu prins? Est-il pestri de mains nettes? De cela ie n'en sçay rien, luy di-ie, toutefois ie le trouue bon. Dieu vueille qu'il soit net, dit le poure homme, & l'approchant de sa bouche, mordit en celle bribe aussi gros morceaux que moy aux miennes, & disoit: Par Dieu il est tres-sauoureux. Quant à moy ie cogneu de quel pied il clochoit, & pour-ce me hastey de manger: Car ie le voyoy auec telle disposition, que s'il eust acheué premier que moy, peut estre que de sa grace se fust offert à m'aider, en ce qui me fut resté: mais j'y mi si bon ordre, que nous acheuames quasi en vn mesme poinct. Et ayant parfait, commença à secoüer quelques petites mies auecques les mains, qui luy estoyent demeurees sur la poitrine. Apres il entra en vne chambrette qui là estoit, de laquelle tira vn pot assez vieux tout esbreché, & beut à iceluy,

luy, puis me le presenta. Toutesfois pour faire de l'hôneste, ie luy di: Monsieur, ie ne boy point de vin. Boy seulement, dit-il, c'est eau. Adonc ie prin le pot & beu, encores que non gueres: car la soif ne me donnoit point de peine. Nous fumes ainsi jusques à la nuict, raisonnant des choses qu'il me demandoit; ausquelles ie luy satisfaisoy au moins mal que ie pouuoye. Tantost apres entrames en la chambre, en laquelle il tenoit le pot, auquel nous auions beu, & me dit: Passe te là, & verras côme nous ferons ce lict, à fin que tu le scaches faire par ci apres. Ie me mi d'vn costé & luy de l'autre, & fimes le poure lict, lequel n'estoit point malaisé à faire: Car y auoit tant seulement sur des treteaux vne certaine entrelassure de cannes, sur lesquelles estoit le fourniment du dit lict, lequel estoit si sale, q n'eussiez sceu discerner le matelas, ou ce qui tenoit le lieu d'iceluy; joint

joint qu'il y auoit beaucoup moins de laine qu'il n'estoit besoin: Nous le tendimes pour l'amollir, mais c'estoit impossible; car difficilemēt du dur se fait chose molle. La diablesse de paillasse, tendue sur ses cannes, estoit si vuide, qu'elle sembloit l'espine d'vn dos de pourceau maigre, selon que les cannes se deuiloyent: Nous mimes sur cest affamé mattelas vn lodis de mesme, duquel oncques ie ne peu deuiser la couleur. Premier qu'auoir fait le lict, il fut nuict, & par ce me dit: Lazare, il est des-ja tard, & d'ici à la place il y a grād chemin; d'autre part lon rencōtre toute la nuict des larrons & voleurs de cappes par ceste cité: passōs ceste nuict le mieux q̃ nous pourrons, & demain au poinct du jour Dieu y pouruoira: Ie ne suis point pourueu de viures, pour auoir esté sans seruiteur iusques à present; ains ay vescu ces iours passez en la cité: mais ores nous ferons mes-

D 3 nage

nage nouueau. Monsieur, di-je, n'ayez souci de moy; car ie sçauray bien passer vne nuict voire plus, si besoin est, sans manger. Cela sera cause, me respõdit-il, que tu viuras plus sainement: car cõme nous disions aujourd'huy, il n'est rien au monde plus à propos, qui veut viure longuement, que ne gueres manger. S'il est ainsi, disoy-ie à part moy, ie ne mourray iamais, pour-ce q̃ tous-iours ay esté contraint garder ceste regle; & partant ie suis fortuné l'obseruer toute ma vie. Il se coucha en son lict, faisant cheuet de ses chausses & pourpoint, & me mit coucher à ses pieds; toutesfois il ne me vint point de sommeil, pour-ce que les roseaux s'entrebatoyent toute la nuict auec mes os pointus. Mais ie pense qu'en tout mon corps n'auoit vne liure de chair, à raison des trauaux & de la faim que i'auoy souffert, mesmement que tout ce iour ie n'auoy que bien peu mãgé. Et pour cause de la faim q̃ i'a-
uoy

uoy enduré, i'auoy le cerueau si vuide, que n'eusse sceu dormir. A ceste occasion ne faisoy autre chose toute la nuict, (Dieu le me pardonne) fors que maudire moy & ma sinistre fortune: Et qui pis est, ne m'osant retourner de l'autre costé, de peur de le resueiller, tous-jours souhaitoy la mort.

En ce Chapitre comme au precedent il descrit le naturel de son Maistre.
Chapitre XVII.

LE lendemain estant leuez nettoyames ses chausses, pourpoint, saye, & cappe; en quoy faire ie luy seruoy d'escouuette. Et apres qu'il fut vestu à son aise & tout à loisir, & que ie luy eu baillé de l'eau pour lauer ses mains, il se peigna, puis mettant son espee à sa ceinture, me dist: Ah Lazare, si tu sçauois quelle piece est ceste-ci! Il n'est si bon marc d'or au monde qui me l'ostat: Mais aussi de toutes celles que maistre Anthoine

thoine fit, il n'en sceut oncques faire autre d'aussi bonne trempe. Et la tirant de la gaine, passoit les doigts sur le fil d'icelle, disant: La vois-tu? Ie gage ronger auec elle vne poupee de laine. Et moy, disoy-ie à part moy, auec mes dents (qui ne sont pas d'acier), vn pain de quatre liures. Puis la rengaina, & mist à sa ceinture, à laquelle portoit vne chaine de grosses patenostres. Cela fait, auec vn pas mesuré & reposé, tenant le corps droit, duquel & de la teste faisoit bonne contenance, gettant le bout de sa cappe tantost sur l'espaule tantost sous le bras, & mettant sa main droite au costé, saillit en la rue, disant: Lazare, garde bien la maison, pendant que ie vay oüir Messe: fay le lict, & apporte de l'eau de la riuiere qui est ici au bas, & ferre la porte auec la clef, qu'on ne nous desrobbe rien, puis la laisse derriere le gont de la porte, à fin que si ie vien cependant, ie puisse entrer

trer dedans. Et s'en alla auec vn si beau semblant, que qui ne l'eut cogneu, eut pensé q̃ c'estoit quelque tres-prochain parent de monsieur le Connestable, ou pour le moins son valet de chambre. Alors ie di, loué soit vostre nom mon Dieu, qui l'appliquez la medecine, où c'est qu'auez donné la maladie. Qui seroit celuy qui rencontreroit maintenant ce mien maistre, qui ne iugeat, selon qu'il va content de soy-mesme, qu'il soupa tres-bien hier au soir, & ait dormi en vn bon lict, & qu'il ait encores bien desjuné ce matin? Les secrets q̃ vous œuurez, Seigneur, q̃ plusieurs ignorent, sont merueilleux. Qui seroit celuy qui ne seroit deceu sous ombre de si gaillarde disposition, & mediocre saye & cappe? Qui diroit que si gentil personnage ne mãgea hier tout le long du iour fors vne bribe de pain, laquelle encores son seruiteur Lazare auoit gardee au coffre de son sein, auquel pour

D 5 dire

dire vray elle ne pouuoit estre guere nette? Qui cuideroit qu'il se soit essuyé aujourd'huy le visage & les mains auec le giron de son saye, pour faute de nappe? Ie suis certain que nul le pourroit iuger. O Seigneur, combien en doit-il auoir qui font des braues par le monde semblables à cestuy-ci, qui patissent plus tost pour vne vaine gloire, qu'ils ne feroyét pour l'amour de vous! Ie demeuray à la porte, reduisant toutes ces choses à ma memoire, iusques à ce que mon maistre trauersat la lõgue & estroite rue: lors ie rentray en la maison, laquelle en vn clin d'œil ie visitay tout de haut en bas, sans m'arrester ni trouuer en quoy. Et ayant adressé mon lict, prin mon pot, & m'en allay à la riuiere, pres laquelle ie vey mon maistre en vn iardin, faisant du mariolet entre deux femmes rabuffees, de celles, à mon aduis, desquelles à Tolette en y a assez, & plusieurs d'elles font estat de s'en aller là

pren-

prendre la frescheur, & desjuner toutes les matinees d'esté sur le frais bord de l'eau, sans y rien porter, toutefois comme asseurees qu'il ne defaudra quelcun, qui leur en donne, si l'on les trouue à ce accoustumees, & principalement les ieunes galans de la cité: Or estoit-il au milieu d'elles, deuisant & faisant le braue, par plus douces paroles qu'onques n'en escriuit Ouide. Et quand elles veirent qu'il estoit conuaincu, luy demaderent, sans hôte aucune, à desjuner, ioint aussi le payemét coustumier. Toutefois comme il se sentit aussi froid de bourse comme chaud d'estomach, deuint si peneux, qu'il ne luy demeura goute de sang en tout le corps, ains begueyoit en son parler, & alleguoit excuses vaines. Parquoy elles qui deuoyent estre rusees, cognoissans sa maladie, le placqueręt là pour tel qu'il estoit. Et tandis ie mangeay là trumeaux de choux, desquels ie desjunay en moins de rien. Et comme nouueau seruiteur, sans estre veu de mon maistre, retournay à la maison, de laquelle pensay balier aucune partie, qui biē en auoit besoin, mais il n'y eut point de balay. Et ne sçachant q̃ faire, me mi à penser en quoy ie me pourroy occuper, dont ie trouuay bon d'attēdre mon maistre iusques à midi; & si par auēture il apportoit quelque chose, que le mangerions: pour-ce ie l'attenday, mais ce fut pour neant: car des-ja estoyent deux heures du soir, qu'il n'estoit encores venu.

Comment Lazare est contraint demander l'aumosne pour vivre au service de son Maistre l'Escuyer.
Chapitre XVIII.

OR comme la faim me pressoit, ie serray la porte, & laissay la clef où c'est qu'il m'auoit commandé; & auec vne basse & triste voix, mes mains cachees en mon sein, retournay à mon
re-

premier office: Tellement qu'ayant Dieu deuant les yeux, & enueloppant du tout ma langue en son nom, demanday derechef mon pain de porte en porte, au moins par les maisons qui me sembloyent plus riches. Toutefois comme i'eusse apprins ce mestier en tettant, ie veux dire qu'auec mon grãd maistre l'aueugle ie fu si bon disciple, que iaçoit que l'annee ne fut gueres bonne, mais auoit cherté en ceste ville, si auoy-ie neantmoins mis si bon ordre en mes affaires, que premier que l'horloge frappat quatre heures, i'auoy desja autant de liures de pain dedans le corps, & plus d'autres deux ès manches & au sein. Et m'en retournant à la maison de mon maistre, prin mon chemin par la triperie, & demanday l'aumosne à vne femme, laquelle me donna vne piece d'ongle de vache & certains boyaux cuits. Et quand i'arriuay à la maison, ie trouuay mon maistre qui auoit des-ia sa cappe doublee & mise sur l'appuye, & se pourmenoit par la court: Lequel, aussi tost que ie fu entré, s'en vint à moy, dont ie pensay qu'il me voulut batre, pour ce que i'auoy trop demeuré; mais Dieu y pourueut bien autrement: Car il demanda d'où ie venoye, auquel ie di: Monsieur, ie vous ay attendu iusques à deux heures, & quand i'ay veu que ne veniez, m'en suis allé par la ville, me recommander aux gens de bien, qui m'ont donné ceci pour l'amour de Dieu. Adonc ie luy monstray le pain & les tripes, que ie portoy dans mon giron, à quoy il ne se monstra point farouche ni fasché, ains me dit: Aussi ie t'ay attendu à disner, & voyant que tu ne venois pas, i'ay disné tout seul. Au reste tu fais comme homme de bien: car il vaut mieux le demãder pour l'amour de Dieu, que de le desrobber: & ainsi Dieu me soit en aide, comme cela me plait; & seulement d'vne chose te veux prier,

prier, que l'on ne sache que tu demeures auec moy, pour-ce qu'il touche à mon honneur: vray est que ie pense qu'il sera bien secret, selon que ie suis peu cogneu en ceste cité: & pleut à Dieu que ie n'y eusse iamais entré. De cela, monsieur, n'ayez doute, luy di-ie, car personne n'a à me demander ce conte, ni moy aussi à le donner. Or mange maintenant poüret, dit-il, car (si Dieu plait) nous serons bien tost hors de necessité: Mais ie veux que tu sçaches, que depuis que i'entray ceans, iamais n'ay esté à mon aise: ceste maison doibt estre de mauuais plant, aussi il y a aucunes maisons mal-encontreuses & de mauuais fond, qui attachét le mal-heur leurs inquilins, desquelles pour le seur est du nombre. Parquoy ie te promets que, le mois estant acheué, ie n'y demeureray plus, si bien l'on me la donnoit pour neant. Ie m'assis pres de l'accoudoir, & ne luy di pas, à fin qu'il ne me tint pour gourmand, que i'auoy reciné

reciné, ains fey comme celuy qui foupoit, fi commençay à mordre en mes tripes & en mon pain, en regardāt diffimuleement mon miferable maiftre, qui ne deftournoit iamais les yeux de mon giron, lequel à l'heure me feruoit de plat. Autant de compafsion ait Dieu par fa grace de moy, comme i'auoy pitie de luy: car i'auoy enduré beaucoup de fois, & fouffroy encores tous les iours ce mefme mal, qui le tourmentoit. Dont fu en branfle pour faire de l'honnefte, & le femondre: toutesfois pour-ce qu'il m'auoit dit auoir difné, i'eu peur qu'il le refuferoit: Finablement ie defiroy que le poure homme euft allegement de fon trauail par le mien, & qu'il desjunaft, tout ainfi que le iour de deuant; puis qu'il y auoit meilleure commodité, pour eftre la viande auantageufe, & ma faim moindre.

Com-

Comment Lazare nourriſſoit ſon maiſtre de ſes bribes & aumoſnes.

Chapitre XIX.

OR pleut il à Dieu accomplir mon deſir & le ſien auec: car comme ie commençoy à manger, il s'approcha de moy, diſant: Ie te promets, Lazare, que tu as la meilleure grace en manger, que iamais ie vi à homme: Tellement qu'il n'eſt perſonne qui te voye manger, à qui tu n'en faces enuie, & n'eut-il point d'appetit. Mais la grande affection que tu as, diſoy-ie à par moy, te fait ſembler la mienne belle. Toutesfois ie fu d'aduis luy aider, eu eſgard, qu'il ſe ſemonnoit, & me monſtroit le chemin, & luy di: Monſieur le bon ouſtil fait le bon ouurier: ce pain eſt treſ-ſauoureux, ce pied de vache bien cuit & bien accouſtré, de ſorte qu'il inuiteroit par ſa ſaueur tous hommes à en manger. Eſt-ce pied de vache? Oüy monſieur, di-ie: Ie te promets q̃ c'eſt la
meil-

meilleur morceau du monde, & ne scay faisan si bon ni tant à mon goust. Tastez en donc, monsieur, s'il vous plait, & verrez comme il est bon. Adonc le luy mi entre les ongles, auec trois ou quatre bribes des plus blanches; parquoy il s'afsit à mon costé, & commença à máger, comme celuy qui en auoit bien besoin, rongeant chacun de ces petis os, mieux que n'eust fait vn sien lourier auec quelque bonne sauce. Puis disoit: ceci est vne souueraine viande. Mais la sause à tout quoy tu le manges est meilleure, respondi-ie bellement. Par Dieu ie l'ay trouué aussi bon, dit-il, que si ie n'eusse aujourd'huy mangé morceau. Ainsi me doint Dieu bonne vieillesse, comme ie le croy, di-ie à par moy. Ayát acheué sa viande, me demanda que ie luy baillasse le pot de l'eau, lequel ie luy donnay aussi plein comme ie l'auoy apporté de la riuiere: C'estoit signe, puis que l'eau n'estoit decreüe, que gueres de
re-

reliefs ne luy estoyent demeurez à disner. Quand nous eumes beu, nous nous allames coucher tres-contens, comme la nuict deuant. Et (pour fuir prolixité) fumes en ceste sorte huit ou dix iours, que le poure homme s'en alloit tous les matins auec ce contentement efforer parmi les ruës, contant ses pas: Car ce pendant le poure Lazare luy seruoit de buffet. Or ie ramenoy souuét à memoire mes desastres, qu'eschappant des malotrus maistres, à qui i'auoy serui, cherchant autre meilleur, ie vinse à en rencontrer vn, qui non seulement ne m'entretenoit, mais encor auoy-ie de pouruoir sa vie. Neantmoins si l'aimoy-ie bien: car le poure ne possedoit ni pouuoit d'auantage, & plustost auoy pitié de luy, que luy estre ennemi. Et par-ce souuent estoy contraint d'endurer la faim, à fin de luy porter quelque chose auec quoy passer son iour. Car vn matin le poure diable se leua tout en che-
mise,

mise, & monta au dessus de la maison, pour faire ses necessitez: ce pendant, pour esclarcir mon cœur, foullay son pourpoint & chausses, qui estoyent demeurez au cheuet, ausquelles trouuay vne petite bourse de velours, qui auoit plus que de cent plis, sans y auoir vn seul denier, ni apparence d'y en auoir eu lōg tēps. Lors ie disoy: cestuy-ci est poure, nul ne peut donner ce qu'il n'a. Mais mon auare aueugle & bon laboureur, ausquels Dieu eslargissoit tāt de biens, à l'vn pour main baisee, à l'autre pour expedite & desueloppee langue, & encores me faisoyent mourir de faim, c'estoit bien raison de n'aymer point telles gens: & au contraire c'est tres-bien fait se douloir de la fortune de cestuy-ci. Dieu scait si ie rencontre encor à present quelqu'vn de sa qualité, auec semblables pas & grauité, comment i'ay pitié de luy; seulement en pensant s'il endure ce que ie
vo-

voyoy endurer à cest autre, auquel toutefois i'aymeroy plus seruir auec sa poureté, qu'à nul de ces autres, pour les raisons par moy auant deduites. D'autre chose ne me desplaisoit, hormis qu'il estoit trop presumptueux; car i'eusse voulu que par le trop où s'estendoit sa necessité, il eut abbaissé vn peu de son orgueil. Neantmoins selon qu'il me semble, ceste regle est vsitee & obseruee entr'eux: Car posé qu'ils n'ayét le change d'vn denier, si faut-il toutesfois qu'ils facent les magnifiques & braues. Et si Dieu par sa grace n'y met ordre, ils mouront tous de ceste maladie.

Comment l'vsage de mandier fut interdit au povre Lazare, au grand detriment de son maistre.

Chapitre XX.

OR comme i'estoy en tel estat, endurant la vie que ie di, mon malheur

heur, qui de me pourſuiure ne ceſſoit, encores ne me voulut au moins laiſſer en ceſte faſcheuſe & honteuſe maniere de viure. Le cas aduint ainſi: Meſsieurs les Conſeilliers firét crier à ſon de trompette, pour-ce que l'annee fut en ce païs ſterile de grains, que tous les poures eſtrangiers abandonnaſſent la cité, ſur peine que celuy qu'on y trouueroit dès là en auant, ſeroit fuſtigué. Au moyé de quoy, quatre iours apres que la criee fut faite, en executant leur edict, ie vey mener vne multitude de poures, qu'on foüettoit par les rues. De quoy ie fu tant eſpoüuenté, que iamais depuis n'oſay prendre la hardieſſe de coquiner par la ville. Adonc euſsiez peu veoir l'abſtinence de noſtre maiſon, & la triſteſſe & ſilence des habitans d'icelle; tellemét qu'il nous fallut demeurer deux ou trois iours ſans manger vn ſeul morceau ni parler mot. Quant à moy, certaines poures femmes filandieres de cotton &
bon-

bonnettieres, desquelles pour le voisinage ie prin cognoissance, me sauuerent la vie: Car de la misere qu'on leur donnoit, tousjours me faisoyent participāt de quelque chosette, à tout quoy ie me passoy fort bien. De sorte que ie ne me plaignoye pas tant de moy, que de mon poure & affolé maistre, qui en huit iours ne mangea vn seul morceau, pour le moins nous en demeurames bien autant en la maison sans y manger, vray est que ie ne scay où c'est qu'il alloit, ne qu'il mangeoit. Toutefois qui l'eut veu venir à l'heure de midi le bas de la rue, il venoit auec vn corps plus droit & estendu, que celuy d'vn lourier de bonne race: Et pour entretenir ce mal-heureux hōneur, prenoit vn peu de paille, de laquelle encores n'auoit assez en sa maison, & sortant à la porte, nettoyoit auec icelle celles, qui n'en auoyent gueres de besoin: se plaignant encores de ce mauuais soulage de maison, disant: Il est
mal-

mal-aisé à veoir que tout nostre malheur vient de ceste maison: aussi, comme tu vois, tout y est lugubre, triste, & obscur: Si est-ce toutefois qu'il nous faudra endurer, tandis que nous serons en elle: Et ie voudroy certes que ce mois fut acheué, à fin d'en sortir.

De la feste & bonne chere que fit Lazare auec son maistre, pour vn real qu'il apporta.
Chapitre XXI.

COmme nous estions plongez en ceste affligee & affamee persecution, vn real entra vn iour au pouuoir de mon maistre, & si ne sçay par quelle auenture ou bon-heur: Ce neātmoins il vint à la maison si enflé auec iceluy, comme s'il eut apporté tout le thresor de venise: il me le donna en souriant, auec vn alegre semblant, & dit: Pren Lazare, Dieu commence desja à ouurir sa main: Cour à la place, & achete du pain, du vin, & de la chair, à fin que

que creuions l'œil au diable. D'auantage ie veux que tu saches, pour-ce que ie scay que tu en seras bien aise, que i'ay loüé vne autre maison, & ne demeurerons en ceste mal-encontreuse, sinon iusqu'à la fin de ce mois: que maudite soit elle, & qui iamais y mit la premiere tuille, tant elle me couste: en tout le temps que i'ay esté ceás, ni vin ni chair n'ont entré en mon corps, ni iamais ay eu iour de repos: Mais aussi la veuë, obscurité, & tristesse d'icelle le mõstrẽt assez apertement. Va & reuien incontinent, si disnerons auiourd'huy cõme Contes. Adonc prin le real & mon pot, & tres-content & alegre commençay hastiuement à monter la rue, tendante droit à la place. Mais que sert cela, si ie suis né sous telle planete, q̃ ie ne puisse auoir aucun plaisir sans destourbier? Ainsi fut cestuy-ci: car comme ie montoye la rue, calculant en quoy ie pourroye despendre mon real, q̃ mieux fut

E &

& plus à proufit; rendant infinies graces à Dieu, qu'il auoit donné cest argent à mon maistre: ie vey venir à despourueu à l'encontre de moy vn mort dans vne biere, accompagné de beaucoup de prestres & d'autres gens, le contrebas de la rue: D'où fu contraint me ioindre à la paroy, pour leur faire place. Et le corps estant passé, vne dame venoit touchant à la biere, qui sans doute deuoit estre la femme du defunct, chargee de dueil, & accompagnee de plusieurs autres femmes, laquelle pleurant & lamentant disoit: Ah mon mari & mon seigneur, helas! où est-ce que lon vous porte? à la maison triste & desolee, à la maison lugubre & obscure, à la maison où c'est que lon ne boit ni mãge. Laquelle oyant ainsi parler, aduis me fut que le ciel s'assemblat auec la terre, si disoy: O malheureux que ie suis! lon porte ce mort vers chez nous. A ceste cause me destournay de mon chemin, & trauersay
par-

parmi les gens, & m'en retournay le bas
de la rue, pour mieux courir droit à la
maison, & si tost que ie fu dedãs, serray
la porte, & criay mon maistre qu'il vint
à mon aide & secours, & l'embrassãt le
priay qu'il luy pleut m'aider à defendre
l'entree. De quoy il s'altera vn peu, pensant que ce fut autre chose, & me dit:
Qu'est cela friant? q̃ cries-tu? qu'as-tu?
qui te fait fermer la porte si furieusement? Ah Monsieur (di-ie) ie vous prie
de m'aider, car lon nous apporte ceans
vn mort. Comment donc cela? dit-il. Ie
l'ay rencontré là haut, que sa femme venoit disant: Monsieur mon mari, où est-
ce que lon vous porte? à la maison lugubre & obscure? à la maison triste &
desolee? à la maison où c'est que lon ne
boit ni mange? Sans faute, Monsieur,
on l'apporte ceans. De quoy mon maistre (iaçoit ce qu'il n'en auoit gueres
faim) se print si fermement à rire, qu'il
demeura grand piece sans parler. Or i'a-

E 2 uoy

uoy des-ja fermé la porte auec le loquet, estant appuyé de mes espaules contre icelle, pour plus seure defense. Les gens estoyent desja passez outre auec leur mort, quand toutefois ie craignoy tousjours, qu'on le voussit mettre dedans nostre maison. Adonc mon bon maistre, plus saoul de rire que de manger, me dit: Certes tu dis vray, Lazare, & as eu raison, selon que la vefue va criant, d'auoir pensé ce que tu dis: Mais Dieu y à pourueu, ouure ouure hardiment, & apporte quelque chose pour disner. Mõsieur (di-ie) laissons les passer tout outre. A la fin il s'approcha de moy, & par force, maugré que i'en eusse, ouurit la porte; encore que ce fust tant qu'il peut faire, pour la frayeur & alteration que i'auoye: Et pour-ce ie reprin mon chemin, & posé le cas que nous disnames bien ce iour, ce neantmoins ie n'y trouuoy aucune saueur, ni peu de trois iours entiers reprendre

cou-

couleur: & tant de fois que celle vaine imagination venoit à la memoire de mon maistre, il ne se pouuoit garder de rire.

Apres avoir taxé son Maistre de trop grande sobrieté, pour entretenir son estat, il le taxe ici d'orgueil & presomption.
Chapitre XXII.

IE demeuray en ceste sorte auecq l'Escuyer mon poure trois-yesme maistre aucuns iours, pendans lesquels cherchay moyen de sçauoir son intentiõ, & pourquoy il estoit venu demeurer en ce païs-là: car ie vey bien qu'il estoit estrangier, droit dès le premier iour que me mi auec luy, à cause de la petite cognoissance & trafique qu'il auoit auec les naturels du lieu. En fin ie paruin à mes desseins: car vn iour le voyant à son aise, pour auoir raisonnablement disné, si tant qu'il me conta tous ses affaires. Si me dit qu'il estoit
na-

naturel de Castille la vieille, & comme il auoit laissé son païs, pour-ce qu'il ne se vouloit abbatre à leuer son bonnet à vn Gentil-homme son voisin: Parquoy ie luy di: Monsieur, s'il est tel que vous dites, & qu'il fust plus riche que vous, vous eussiez fait vostre deuoir en luy ostant le vostre le premier: car aussi ie croy qu'il eust fait le semblable en vostre endroit. Il est Gentil-homme, voire plus riche que moy, & d'auantage me quitoit son bonnet quand moy le mien: ce neantmoins entre tant de fois que i'estoy le premier, c'estoit bien raison, qu'il s'auançat modestement vne fois, & qu'il m'eut gaigné le premier par la main. Quant a moy (di-ie) Monsieur, ie n'y eusse pas onques regardé de si pres. Tu es ieune, dit-il, & pour-ce ne scais que c'est que d'honneur, qui est pour le iourd'huy le seul heritage des gens de bien. Or ie veux que tu scaches que ie suis, comme tu vois, vn poure Escuyer: mais

mais ie fay vœu à Dieu, que si ie rencō-
troy quelque Côte emmi la ruë, & qu'il
ne m'ostat le bonnet du tout fort bien
osté, qu'vne autre fois, quand le verroy
venir, i'étreroy en quelque maison, fai-
gnant d'y auoir quelque affaire, ou ie
trauerseroy vne autre ruë, si quelqu'vne
en y auoit, auant qu'il fut pres de moy,
pour ne luy plus faire la reuerence: car
vn noble ne doit à homme du monde,
fors qu'à vn seul Dieu & à son Roy, chose quelconque; & pourtant faut que le
noble, s'il est homme de bien, soit curieux de priser beaucoup sa personne,
voire iusques à vn poinct. Il me souuiēt
qu'vn iour en mon païs i'outrageay de
parole vn Artisan, & encores le voulu
batre, pour-ce qu'il me disoit chacune
fois q̃ le trouuoy: Monsieur, Dieu vous
maintienne. Comment cela, rustique
chetif, luy di-ie, qui vous ha si mal in-
struit? est-ce à vous me dire, Dieu vous
maintienne? ni plus ni moins que vous

fe-

feriez à vn homme commun? En sorte que dès là en auant m'ostoit le bonnet d'vne lieue, & me saluoit cõme il estoit raison. Et comment (di-ie) monsieur, n'est-ce pas belle maniere de saluer vn homme à l'autre? luy dire: Monsieur, Dieu vous maintienne? Scaches en ta mal'heure, dit-il, que ceste maniere de saluer est coustumiere enuers gens de basse qualité: Et ne doit-õ saluer ceux de haute dignité, comme moy, moins que de leur dire: Monsieur ie baise vos mains. Par ce moyen iamais depuis ie ne souffri ni enduray de celuy de mon païs, qui me saouloit des maintenemens, ni moins parmettray m'estre dit, d'autres que le Roy: Monsieur, Dieu vous maintienne. Ah poure que ie suis! (di-ie à part moy) c'est donc pour cela qu'il ha si peu de soing de te maintenir: eu esgard que tu ne souffres que personne l'en prie. D'autre part, disoit-il, ie ne suis pas encores si poure, que ie
n'aye

n'aye en mon païs vn tresfond de maison, qui a esté dressé & bien basti, & est au change de Valadolid, qui est seize lieües par de-là dont ie nacqui, & seroit estimé pour le moins mille, cent & septante liures, selon qu'elle se pourroit faire belle grande & bonne: Outre ce i'y ay vn Colombier, lequel s'il nestoit, comme il est, desroché, me rendroit annuellement infinis pigeons, & d'autres biés que ie ne veux nommer, lesquels i'abandonnay pour ce q̃ concernoit à mon honneur, venant à ceste Cité, où ie pensoy trouuer quelq; grãd Seigneur, à qui seruir; ce qui m'est aduenu tout autrement. Bien est-il vray qu il y a assez des Gentils-hommes de moyenne taille, qui me prient: mais seruir à telles gens c'est grande peine; car il leur faut quelques fois seruir de portefaix, si non, ils donnent incontinent congé, & payét les salaires le plus souuent par longs termes, voire bien

sou-

souuent voſtre ſeruice n'eſt guerdonné: Et s'ils veulent aucuneſois par cas d'auenture reformer leurs conſciences, & recompenſer voſtre ſueur, ſerez liuré en l'arriere chambre dequelq; vieux pourpoint ou choſe de nulle valeur.

Les moyens que tiennent à preſent les ſeruiteurs des grands ſeigneurs pour entrer en grace. Chapitre XXIII.

TOuteſfois quand l'on peut prendre parti auec quelq; Seigneur de l'ordre, encores peut-on mieux lors paſſer ſa miſere, vray eſt par aduenture q̃ ie n'ay pas dexterité pour ſcauoir ſeruir ou cõtenter vn tel: Ce neãtmoins ſi i'en trouuoy vn, ie penſeroye eſtre ſon grand mignon: car ie luy feroy mille ſeruices, & luy ſcauroy auſsi bien mentir qu'vn autre, & luy complaire à mille merueilles. Ie ſouſriroy par beau ſemblãt à ſes propos & couſtumes, encores qu'elles ne fuſſent des meilleures du mõde. Iamais ne ne luy reciteroy chose tedieuse, combié que ie sceusse clerement luy estre fort auantageuse. Ie seroy tous-jours en son endroit de parole & de faict tres-diligent, & si ne me chaudroit guere de bien executer les choses, lesquelles penseroy ne venir à sa notice. D'auátage ie scauroy bien tencer les seruiteurs, mesmement quád ie cognoistroy qu'il m'oüit, à fin qu'il m'estimat estre soliciteux en ses affaires: Et si luy mesme les tençoit, i'entremesleroy quelques mots attisans son ire, qui sembleroyent toutefois estre en faueur du coulpable. Tousjours luy diroy bien de ce qui luy seroit aggreable, posé que ie seroy au contraire vn malicieux mocqueur & flateur des domestiques. Ie m'enquerroy & tascheroy à scauoir les vies d'autruy, pour les luy rapporter. Ioint beaucoup d'autres gétilesses de ceste qualité que ie feroy, lesquelles s'vsent pour le iourd'huy aux grosses maisons, & plaisét aux seigneurs d'icelles: Tellement qu'ils ne veulent auoir chez eux gens vertueux, ains les contemnent & mesprisent, en les appellant sots & ignares des trafiques & affaires, & tels qu'ils ne sçauroyent en rien soulager leurs seigneurs: Et pourtant les cauts & rusez vsent pour le iourd'huy des mesmes moyens, desquels i'vseroy, si mō mal-heur me permettoit trouuer quelque tel seigneur.

Comme le Maistre de Lazare s'enfuit, & demeura Lazare és mains des sergens.
Chapitre XXIIII.

Ainsi se complaignoit mon Maistre de son aduerse fortune, me racontant ses prouësses, quád vn homme & vne vieille femme entrerét leás, desquels l'homme demandoit le terme & loûage de la maison, & la bonne femme celuy du lict: & firent le conte entr'eux, tellement qu'en deux mois il fut plus redeuable, qu'il n'eut moyen
d'a-

d'auoir en vn an: ce fut, à mon aduis, quarante & huit ou cinquante & deux fols. Neantmoins il leur respondit gracieusement, qu'il iroit à la place, & changeroit vn doublon, par ainsi qu'ils pourroyent retourner sur le soir. Mais son departement fut sans retour. Quāt à eux, ils retournerent, combien que ce fut trop tard; dont ie leur di qu'il n'estoit encores reuenu. Or comme la nuict fut venue, & luy non venu, i'eu peur demeurer tout seul en la maison, & pourtant m'en allay vers mes voisines, qui, apres estre informees de l'affaire, me firent dormir auec elles. Le lendemain matin les creaciers retournerent demandans mon maistre, mais à ceste autre porte, car celle ne s'ouuroit point. Ausquels les femmes respondirent, voy-ci son seruiteur & la clef de la porte. Et s'enquerás de moy, si ie scauoy où il estoit, non Messieurs, di-ie, il n'est pas retourné, depuis qu'il

alla changer le doublon, ce qui me fait penser, qu'il s'en soit allé de vous & de moy auec le change. Mes raisons oüies, ils s'en allerent chercher vn Sergent & vn Escriuain: lesquels ayans amenez, sans delay prindrent la clef, & ouurirent la porte en presence de tesmoings, & entrerent pour sequestrer les biens de mon maistre, à fin d'estre payez de leurs debtes. Mais ayás foullé tous la maison, la trouuerent toute vuide, comme i'ay deduit. Dont me demandoyét où estoit le bien de mon maistre, sçauoir est, ses coffres, tapis, & autres meubles. Ie n'en sçay rien, di-ie. Sans doute, disent-ils, ils le doiuent auoir enleué ceste nuict, & emporté en quelque autre lieu: Monsieur l'Officier prenez ce garçõ: car seurement il en sçait quelque chose. Adonc le Sergent s'approcha de moy, & me saisit par le collet du pourpoint, si me dit: Soyez prisonnier, ou dites où sont les biens de vostre maistre. Et comme
ainsi

ainſi ſoit que ie n'euſſe iamais eſté empoigné par le collet, ſauf de mon aueugle, qui m'y empoignoit ſouuent, mais ce n'eſtoit pas ſi rudement, ains doucement, & à fin que luy monſtraſſe le chemin: I'eu tres-grand peur, de ſorte que pleurant leur promi dire tout ce qu'ils me demandoyét. Sus donc di hardimét, dirent-ils, ce que tu ſcais, & n'ayes peur: L'Eſcriuain s'aſſit ſur le plot pour faire l'inuentaire, me demandant quels biens il auoit. Meſſieurs, di-ie, ſon bien eſt (au moins ſelon qu'il m'a dit) vn bon ſoulage de maiſon & colombier deſroché. Voy-là bon, dirét-ils, car pour peu que cela vaille, c'eſt aſſez de quoy eſtre payez. Et en quel endroit de la cité eſt cela? dirent-ils. En ſon païs, di-ie. Voyci bien rencontré, dirent-ils: & d'où eſt il? De Caſtille la vieille, leur reſpondi-ie, ſelon que i'ay peu entendre de luy. Alors le Sergent & l'Eſcriuain ſe mirent à rire aux autres, diſans: Ceſte relation eſt ba-

bastante pour recouurer vostre debte, pour grande qu'elle soit. Les voisines, qui à ce presentes estoyent, dirent: Messieurs, cest enfant est innocent, & de bien peu de iours en ça demeuroit auec cest Escuyer, pourtant il ne scait de luy non plus que vous autres, sinon d'autant que le poure venoit ici à nostre porte, & luy donnions à manger de ce que nous pouuiōs, & la nuict il se retiroit auec luy. Parquoy eu esgard à mon innocence me laisserent, & donnerent pour libre. Et demandans leurs droits à l'homme & à la femme, s'esmeut entr'eux vn grand different, pour-ce que ceux-ci dirent qu'ils n'estoyent tenus à payer, eu esgard qu'ils n'auoyent point fait d'execution: Les autres allegoyent, que pour leur affaire ils auoyét laissé aller à vn autre de plus grande importance. Finablement depuis grand rompement de teste à force e crier, vn mouchard chargea ce vieux
lodier

lodier du lict de la vieille sur ses espaules, duquel encores n'estoit guere chargé: Puis tous cinq ensemble saillirent dehors crians. Si ne scay qu'ils deuindrent; toutesfois ie croy que le poure lodier paya pour tous, & ce fut bien employé, veu qu'il se loüoit au temps qu'il deuoit prendre son aise & repos de ses trauaux passez.

Comment Lazare print parti auec vn marchant, & ce qui luy aduint estant auec luy.
Chapitre XXV.

Depuis i'entray au seruice d'vn paintre de tabourins, pour desbrayer & esmoudre ses couleurs, auec lequel aussi i'enduray mille maux. Or comme en ce temps i'estoy desja grád, vn iour allant par la ville, vn marchás me retint à son seruice; lequel me donna en gouuernement vn bon asne, & quatre cruches, & vn foüet; à fin de vendre de l'eau par la cité. Ceci fut le
pre-

premiere eschellier que ie montay, pour venir à attaindre bône vie & repos, car i'auoy tout à mesure de ma bouche. Ie rendoy chacun iour à mon maistre trois sols & demi de proufit, & les samedis estoyent pour le mien, ioint aussi tout ce que ie pouuoy gaigner iournellement outre les trois sols & demi. Ce mestier estoit si bon, q̃ i'espargnay au bout de quatre ans de mes salaires assez pour m'accoustrer honnestement en la friperie, où i'achetay vn vieux pourpoint de fustaine, & vn saye pelé à manche froncee & auant piece, & vne cappe qui auoit esté frisee, & vne espee de celles du vieux temps, des premieres de Cueillare. Adonc me voyant accoustré en homme de bien, ie di à mon maistre qu'il print son asne; car ie ne vouloy plus faire estat d'asnier.

*Comment Lazare print parti auec vn Sergent, & de ce que luy aduint en le seruant:
Et comme il obtint office de Crieur.
Chapitre XXVI.*

APres auoir prins congé du marchant, ie me mi auec vn Sergent, pour estre membre de iustice: toutefois ie n'y demeuray gueres, car ie cogneu en peu de iours q̃ c'estoit vn tres-hardeux office. Mesmement de ce qu'vne nuict certains delinquans, qui se retiroyẽt en l'Eglise, nous donnerẽt la chasse à mon maistre & à moy à merueilleux coups de baston: & à mon maistre traiterent si mal, que ie l'attends encor à present. Toutefois iaçoit ce qu'ils ne me peurẽt onques attaindre, si est-ce q̃ dès l'heure ie donnay au diable l'office. Et comme ie pensoye quelle maniere de vie me seroit mieux seãte, à fin de pouuoir amasser quelq; chose pour soulager ma vieillesse, Dieu par sa grace m'inspira & addressa vn moyen proufitable: tellement que,

que, par la faueur & support q̃ i'eu de mes amis & seigneurs, tous mes ennuis & trauaux, qu'auoyẽt esté produits iusqu'à lors, furent recompensez, moyennant vn office royal que i'obtin, lequel ie pretédoy pour-ce q̃ ie voyoy qu'on ne fait conte pour le iourd'huy sinon de ceux qui ont dequoy: En sorte que i'y vi à present, & l'exerce au seruice de Dieu & au vostre, Monsieur. C'est que i'ay charge de crier les vins qui se vendent en ceste cité, & d'assister aux subhastations de biés, crier choses perdues, & faire compagnie à ceux qui sont punis par iustice, desquels ie manifeste à haute voix les delicts: Ie suis Crieur public, Monsieur, en bon langage. Ie m'en suis si bien trouué, & l'ay exercé de si bonne grace, que presque toutes les choses concernantes à l'office passent par mes mains: Tant que lon estime par toute la cité, si quelqu'vn veut mettre vin à broche, ou védre quelque cho-

chose, que si ce n'est du consentement
de Lazare de Tormes, ils n'en peuuent
retirer aucun proufit.

Comme Lazare, apres avoir eu office de Crieur, espousa la chambriere d'vn viel homme. Chapitre XXVII.

CE pendant vn certain Gentilhõme, ayant notice de mon bon
esprit & belle maniere de viure, ioint
aussi qu'il estoit bien informé de ma
personne, de ce que ie crioy son vin,
procura de me marier auec vne sienne
chambriere. Et comment ie vey que
d'vn tel personnage ne me pouuoit
venir sinon tout bien & honneur, deliberay de le faire: tellement que ie la
prin pour femme, de quoy iusqu'à present ne me suis repenti: Car outre ce
qu'elle est femme de bien & diligente,
ie trouue tousjours toute bonne aide
& support en mõsieur son maistre: Car
il luy donne tous les ans de fois à autre
enui-

environ vne charge de froment: Aux Pasques il luy dône quelques morceaux de chair, quelque couple de pains, quelques chausses vieilles des siénes, de celles qu'il ne veut plus porter. D'auantage il nous fit loüer vne maison pres de la sienne, au moyen de quoy mangeons chez luy les Dimâches, & presque toutes les Festes. Vray est q̃ mauuaises langues, qui iamais ne defaudront, ne nous peurent laisser en paix: Car lon dit ceci cela, qu'on veoit ma femme aller faire son lict, & qu'elle luy accoustroit son manger. Mais mieux leur aide Dieu, qu'ils disent vray: car outre ce qu'elle est femme qui ne se delecte en semblables ieux, Monsieur m'a promis d'autre part, que ie croy qu'il me maintiendra: Car vn iour, en presence d'elle, il me parla tout hardiment, & me dit: Lazare de Tormes, qui voudroit s'arrester aux mauuaises langues, iamais ne prouficeroit rien: Ie le di pour-ce q̃ ie ne m'es-
ba-

bahiroy point si quelqu'vn murmuroit, que d'autant qu'on voit entrer & sortir ta femme de ceans; ce qu'elle fait, ie te promets, est à ton grand auantage & honneur, & au sien auec? Pour-ce laisse dire les gens, ayant seulement esgard à ce qui concerne à ton profit. Monsieur, di-ie, i'ay deliberé me ioindre aux bons: bien est-il vray q̃ quelques vns de mes amis m'ont appointé ceci voire encores m'ont souuent dit, qu'elle auoit enfanté trois fois, auant q̃ se marier auec moy, sauf vostre grace, Monsieur; pour-ce qu'elle est presente. Oyant ceci elle, se print à iurer & maudire si obstineemẽt, que ie pẽsoy que la maison se deut fondre & abismes auec nous autres. Ce fait, elle cõmẽça à pleurer, & maudire mille fois celuy, qui l'auoit mariee auec moy. De sorte que i'eusse plus cher aimé estre mort, qu'auoir prononcé ceste parole. Toutefois Monsieur & moy fimes tant enuers elle, que depuis, tant d'vn costé

&

& d'autre, elle se deporta de ses querelles. Ioint aussi que ie luy fey serment, de ne luy en parler en iour de ma vie, ains que i'estoy content & tenoy pour bien, qu'elle entrar & saillir de nuict & de iour, d'autant que i'estoy asseuré de sa bonté. Par ainsi demeurames tous trois d'vn accord iusqu'au iourd'huy, sans que iamais personne depuis nous ait ouy parler de ce faict. Mais plustost (dès lors) si ie sens quelqu'vn qui vueille parler aucune chose d'elle, ie coupe son propos, & di: Sire, si vous estes mon ami, ie vous prie vous deporter de parler de chose qui me poise. Aussi ie n'estime celuy estre mon ami, qui me dône fascherie: mesmémét s'il pourchasse semer noise entre moy & ma femme: qui est la chose laquelle i'aime le plus en ce monde, voire plus que moy, eu esgard que par son moyen Dieu me fait mille graces, & plus de bien que ie ne merite. D'autre part i'oseroy iurer, que elle

elle est autant femme de bien, comme autre qui viue dans les quatre portes de Tolette, & qui m'en dira du contraire, ie me feray tuer à l'encontre. Tellement que nul ne m'ose rien dire, dont ie tien paix en ma maison. Ceci fut la mesme annee, q[ue] nostre inuictissime Empereur fit son entree, en ceste insigne Cité de Tolette, [o]ù tint les cours, où se firent grandes resjouïssances & festins, cõme assez, selon mon aduis, l'auez entendu. Finablement en ceste saison i'estoy en ma prosperité, & au comble de tout bon-heur.

De l'amitié que Lazare eut à Tolette avec certains Allemans, & de ce qui luy advint avec eux.

Chapitre XXVIII.

EN ce temps que i'estoy prospere & au dessus de mes affaires, comme ainsi fut que i'estoy tousjours accompagné d'vne belle bouteille pleine de

F

ce bon fruict, qui croit en ce païs, mesme de celuy que lon garde pour faire la monstre aux gens, quád on le fait crier pour vendre: i'acquis tant d'amis, tant naturels du lieu côme estrangiers, que par tout là où i'alloy, ie trouuoy tousiours la porte ouuerte. Et paruin à si grád credit & faueur, qu'il me semble, q̃ si pour lors i'eusse tué quelqu'homme, ou quelque grand desastre me fut auenu, tout le monde eut esté en mon endroit, & eusse esprouué tout plaisir & support en ces miens seigneurs & amis: vray est aussi que iamais ne leur laissoy la bouche seiche, ains les menoy tousjours auec moy boire du meilleur que i'auoy crié par la ville: Et là menions bonne & gaillarde vie, faisans grand' chere: tellement qu'il nous eschoir souuent y entrer à nos propres pieds, & saillir aux pieds empruntez. Et qui plus est, maudit le denier, que tout ce temps Lazare de Tormes pay-
yoir,

yoit, ni moins onques le voulurent
consentir. Et si quelques fois expresse-
mént ie mettoy la main à la bourse, fai-
gnát de vouloir payer, eussiez dit seurement que ie leur faisoy deshonneur,
selon qu'ils me regardoyent de mau-
maise grace, & disoyent: Nite, nite,
Asthicoth, Hispans. Puis me reprenoyét,
disans: Qu'en leur compagnie personne n'a accoustumé de payer vn seul
denier. Au moyen de quoy i'estoy a-
moureux de telles gens; ioint aussi
qu'ils m'emplissoyent les girons & les
seins de morceaux de iambons, gigots
de mouton cuits auec bon vin cordial
& force espices, de reliefs de chair salee, & de pain, chascune fois que me
trouuoyent tr'eux: De sorte que moy &
ma femme en auions assez pour manger tout nostre saoul vne semaine entiere. Et quand i'estoy saisi, il me souuenoit de la faim que i'auoy enduree
le temps passé: De quoy ie loueye

F 2   Dieu

Dieu, luy rendât graces pour telle permutatiõ de temps & des choses. Neantmoins iouxte le commun prouerbe, qui dit:

Celuy qui bien te fera,
Il mourra ou s'en ira.

Ceci mesme aduint, d'autant que la Court changea de place, comme elle fait coustumierement: dont ces miens grands amis s'en allerent, qui neantmoins me prierent affectueusement, à leur departement, de m'en aller quand & eux, me promettans monts & merueilles. Toutesfois estant records du prouerbe commun, qui dit:

Tousjours vaut mieux le mal cogneu,
Que ne fait le bien incogneu.

Les remerciant de leur bon vouloir, apres plusieurs embrassemens, leur di adieu. Et certainement si ie ne fusse marié, ie n'eusse point abandōné leur compagnie, pour-ce que c'estoyent gens faits selon mon appetit & condition.
Car

Car la vie qu'ils meinent, c'est vne vie plaisante, non pas de presomptueux, mais au cōtraire, sans scrupule ni crainte d'entrer en quelque caberet, que ce soit voire encore à belle teste nue, si le vin le merite. Ce sont gens à la bonne foy, & d'hōneur, & tels & si bien fournis & pourueux, que pleut à Dieu, q̃ quād i'auroy bien soif, i'en rencontrasse tousiours de semblables. Toutefois l'amour de la femme & du païs (lequel ie tien desia pour mon naturel, d'autant qu'on demande: D'où estes vous homme de bien?) m'arresterent. Par ainsi ie demeuray en ceste ville auec solitude, pour la perte de mes amis & vie courtisane: combien que i'estoy assez cogneu des citoyens. Ie fu depuis fort à mon aise, auec accroissement de ioye & de lignage, par la naissance d'vne petite iolie fille, de laquelle vn peu apres ma femme deliura: Et posé que i'en soupçonnoy quelque mal, si me iura elle

qu'elqu'elle estoit mienne. Et ce bien me dura, iusqu'à ce qu'il sembla à la fortune, m'auoir donné trop de repos, & que c'estoit raison qu'elle retournast me monstrer son felon, seuere, & cruel visage, & temperer ces peu d'ans, que i'auoy passez à mõ aise & souhait, auec autres tant de trauaux & mort amere, q̃ depuis i'eu à endurer. O grãd Dieu, qui sera bastãt d'escrire vn si mal-heureux & desastré cas, sans y entreuenir vn tant seul poinct de bon-heur, qui à bõ droit ne laisse reposer l'acrier, pour mettre la plume sous ses yeux!

Hic libellus, licet nihil contineat ædificationis ad salutem animarum: tamen nihil etiam continet offensui Catholicæ Religionis. Datum 30. Septemb. Anno 1593.

D. MICHAEL BREVGEL.

Fin de la premiere partie.

LA II. PARTIE
DES FAICTS
MERVEILLEVX
DV LAZARE DE
Tormes:

Et de ses fortunes & aduersitez.

Nouuellement traduite de l'Espagnol en François:

Par Iean vander meeren, d'Anvers.

EN ANVERS,
Chez Guislain Iansens.
1598.

COMME LAZARE, PAR
l'importunité de ses amis, s'embarque pour aller à la guerre d'Argiens, & ce qui luy y advint.

Chapitre premier.

SCAche V. S., qu'estant le triste Lazare de Tormes en ceste plaisante & heureuse vie, faisant son office, & gaignant fort bien à manger & à boire; car Dieu n'augmenta point tel office, & pour ce vaut mieux que vingt & quatre autres des meilleurs de Tolette; estant aussi fort bien content & payé avec ma femme, & ioyeux de la ieune fille, surmettant tous les iours en ma maison meuble sur meuble, ma personne fort bien traitée, avec deux paires de vestemens, les vns pour les festes, & les autres pour porter iournellement, & mesmement de mesme, mes deux douzaines de reaux; au tost re vint à ceste cité (qu'il n'eut point deu venir) la nouuelle pour moy, & aussi pour plusieurs curs autres, de l'allee d'Argiers. Et se commencerent à alterer aucuns, ie ne sçay combien de mes voisins, disans: Allons là, nous reuiendrons tous chargez d'or & d'argent. Et auec cela m'en firent fort desireux; ie le disoye à ma femme, & elle, ayant desir de retourner chez mon Seigneur le Gentil-homme, me dit: Faites en ce que bon vous semblera, mais si vous y allez, & qu'ayez bonne fortune, ie voudroye que m'apportassiez vne esclaue pour me seruir; car ie suis lasse de seruir toute ma vie: Et aussi pour marier à ceste petite fille, ne seroyent pas mauuaises ces Tripolines & doubles Zahenes-là, de quoy on dit que ces chiens-là mores sont si pourueus. Tant pour ceci que pour la conuoitise & desir que i'en auoy, deliberay (que ie n'eusse point deu faire) d'aller à ce voyage. Et bien me le dissuadoit mon Seigneur le Gentil-homme, mais ie ne le vouloy pas croire; & pource falloit

loit que m'aduindrent encor plus grandes infortunes de celles que i'auoy eües. Et ainsi accorday auec vn Cheualier d'ici, de l'Ordre de sainct Iean, duquel i'auoy cognoissance, de l'accompagner & seruir en ceste iournee, & que luy me fit les despens, à condition toutefois que ce que i'y gaigneroy seroit pour moy. Et ainsi aduint que ie gaignay, mais ce fut à mon grand mal-heur, lequel combien qu'il se partit entre plusieurs, i'en auoy neantmoins assez grande partie. Nous partismes de ceste cité ce Cheualier & moy, & autres, & beaucoup de gens fort ioyeux, & bien contens, comme tous vont au departement: & pour euiter prolixité, ie ne diray rien de tout ce qui nous aduint en ce chemin, d'autant qu'il ne fait rien à mon propos. Mais depuis que nous nous embarcames de la ville de Carthage, & entrames en vne nauire bien pleine de gens & de victuailles, & nous mimes à l'aduenture comme les autres: s'esleua en la mer celle grande & cruelle tempeste, dont ils auront raconté à V.S., laquelle fut cause d'autant de morts & de si grande perte, que de long temps n'y ha en la mer point eu de semblable: & ne fut pas si grand le dommage que la mer nous fit, comme celuy que nous fimes les vns aux autres: Car cōme de nuict & de iour aussi le temps fut fort terrible, & que les braues ondes & flots de la mer tēpestueuse vindrent fort furieusement contre les nauires, il n'y auoit nul sçauoir qui remediat que les mesmes nauires ne se mirent en pieces les vns les autres, & se soubmergerent auec tous ceux qui y estoyent dedans. Mais d'autant que ie sçay bien, que, de tout ce qui se passa & se veit en icelle tēpeste, vostre Seigneurie (comme i'ay dit) sera informé de plusieurs qui le veirent & passerent, & par l'aide de Dieu en eschaperent,

&

& d'autres ausquels ceux-là l'ont raconté: pour-ce ne m'y veux arrester, ains seulement donner à entendre ce que personne fors moy ne pourroit dire; d'autant que ie suis seul celuy qui l'ha veu, & celuy qui le sçait mieux que tous les autres ensemble qui y estoyét: En quoy Dieu me fit de grandes graces, comme V. S. oüira. Ie ne di rien ni de mon en ni de mon ienne, car i'ay recommandé au diable celuy que i'ay veu. Mais ie vey nostre navire estre mise en pieces par plusieurs endroicts, & la vey despiecee par autant d'autres, ne voyant en elle ni mast ni anteine, & tout l'amarrage abbatu & rué jus, & l'arcasse & la carine tout deschiree & separee de la proüe. Les Capitaines & gens de Grenade, qui y estoyent dedans, sauterent en la barque, & tascherent à se meliorer & sauuer en autres navires, ia çoit qu'il y en auoit bien peu à celle saison qui pouuoyent donner faueur & secours:

II. PARTIE DV

cours: Et nous meschans demeurames en la meschante & triste nauire, car on dit que la iustice & carosme est plus pour telles gens que pour autres. Nous nous recommandames à Dieu, & nous commençames à confesser les vns aux autres, car deux clercs, qui furent en nostre nauire, s'en estoyent allez en la compagnie des autres. Mais ie ne vey ni ouy iamais si merueilleuse confession, car se confesser vn corps ou homme deuant qu'il meurt, c'est vne chose qui aduient souuent, mais il n'y eut onc, celle heure, aucun entre nous qu'vne fois, mais plusieurs qui, chasque fois que le mariner iettoit les ondes en la nostre nauire, gouſterent la mort, de sorte qu'ils pouuent dire qu'ils furent plusieurs fois morts, & par ainsi à la verité elles estoyent confessions des corps sans ame, & si ie m'essay à plusieurs fois, changeant icelle parole, ils ne me faisoyent que sousplier donner de sasses de ieu, qui recommande

ceux

LAZARE DE TORM. 135

ceux qui sont troublez, & tout autant i'en faisoy à eux. Puis donc estans sur le poinct de noyer, sans nostre santé, sauue, sans espoir d'aucun remede, qui, pour eschapper la mort se monstroit à nous, apres que i'eusse pleuré ma mort, & eu repentance de m'especher, & sur tout que ie fusse venu la, apres auoir prié certaines oraisons douces (lesquelles i'auoy apprins de l'aueugle mõ premier maistre) approuuees pour telle necessité, auec la crainte de la mort me suruint vne si grande & mortelle soif, & considerant que ie la deuoys estancher auec l'eau salee & malsauoureuse eaue de la mer, il me sembla que ce seroit inhumanité si ie n'vseroye point de charité enuers moy mesme, parquoy ce deliberay que ce que la mauuaise eaue deuoit occuper, il seroit bon de l'oster, & remplir de vin, de liqueur qu'il y auoit en la nauire, lequel alors estoit aussi en son estat comme moy sans

faisant ce que i'auoy auec grande haste
comment ie debuoit. Et cause de la
grande soif que la chaleur de la mer, &
l'indisposition d'elle auec cela, & aussi
qui en cela à nostre seur n'estoy pas mauuais
maistre, l'inconsideration que i'auoye,
sans sçauoir qu'à cela ie faisoye, m'ai-
da de telle maniere, que ie beu autant
& me remplir de telle sorte, reposant &
retournant à boire, que ie senti, de la
teste iusques aux pieds, ne demeurer
en mõ triste corps aucun coing ni lieu,
qui ne fut tout plein de vin. Et ayant
achoué de faire cela, & la nuicte estant
mise en pieces, de s'enfermer auec
nous tous, tout estoit vin, & ce ce a d-
uint deux heures apres qu'il fut iour:
Dieu voulut que (par la grande inconsideration que i'auoye, qui n'ay senti du
tout en la mer, sans sçauoir ce que ie
faisoye,) tout mit mon dispos que
il vouy à Dieu ainsi, & commença y à
subtiliser & deslecher par tout par la dicte
mer.

LAZARE DE TORM.

mer. A cette heure vey-ie approcher grand nombre de poissons grands & petits de diverses façons, lesquels, saillans & nageans fort legierement des differents costés tout à l'entour de moy, mes compagnons & les autres hommes. Ce que voyant [...] qu'ils s'en venoyent à moy, qu'à eux peste viendroyent à parler avec eux: & pour cette cause laissay-ie le seconrs des bras, que ceux qui se soubmergent font, pensant avec cela eschapper de la mort: d'avantage ia-coit que ie ne sçauoy pas nager, toutes-fois ie nageay par l'eau vers en bas, & cheminant [...] pesant corps autant qu'il peut, & me sorment pour s'esloigner de ceste meschante conversation, passe, & assaut, de grande multitude de poissons, qui au bruit que la nature faisoit s'as-sembler que [...] Mais estant ainsi contre-bas [...] descendu [...] par toute tres profonde mer, [...] ie sentis de [...] venir à l'autour de moy grande force d'une accoustumée grosse
armee

armee d'autres poissons: & selon que ie pense, venoyent desireux de sçauoir à quoy ie l'enuoye: & auec fort grands sifflemens, & bruict s'approcherent à me vouloir prẽdre auec leurs dens. Lors, me voyant si prochain à la mort, (auec la rage de la mort, sans sçauoir ce que ie faisoye,) commençay à escrimer auec mon espee, q̃ ie portoy toute nue en la main dextre, car ie ne l'auoy encore pas abandõné: & voulut Dieu qu'il me succedat de telle maniere, qu'en vne petite espace de temps ie fey tel meurtre entre eux, frappãt à dextre & à senestre, qu'ils furent contrains de s'esloigner quelque peu de moy: & me donnant lieu, se commencerent à nourrir & appasteler de ceux-là de leur mesme nation, lesquels, en me defendant, i'auoy mis à mort, ce que i'auoy fait sans beaucoup de peine: car comme ces animaux ont peu de defense, & leurs couuertures encore moins, c'estoit en ma puissance d'en tuer autãt
que

LAZARE DE TORM.

que ie voudroye. Et au bout de quelque longue piece de tēps q̃ ie m'esloignay d'eux, (deuallāt & descendāt tousjours, & si droit cōme si i'eusse eu mō corps & pieds fichez sur quelq; chose,) ie paruin à vne grāde roche, qui estoit au milieu de la profonde mer: & quand ie me vey sur icelle tenir debout, ie m'esjouï quelque peu, & commençay à reposer du grand trauail & peine passee, laquelle ie senti alors: car iusques à là, par l'alteration & crainte de la mort, ie n'auoy pas eu lieu de sentir. Et d'autant que c'est chose cōmune aux affligez & fatiguez de respirer, moy estant assis sur la roche donnay vn grand souspir, & me cousta biē cher; car ie m'oubliay moy-mesme & ouuray ma bouche, laquelle iusques alors i'auoy tenue close; & d'autant que le vin auoit ia fait quelque euacuation, (pour-ce que c'estoit passé plus de trois heures que ie l'auoy beu,) ce qui estoit vuide de vin se remplir

plit de celle salee & insipide eaue, laquelle me causa infinie peine, tansant & combatant par dedans de moy auec son contraire. Alors i'apperceu que le vin m'auoit sauué la vie; car pour-ce que i'en estoy tout plein iusques à la bouche, l'eau n'eut point de lieu de me nuire: alors ie vey la philosophie estre vraye, q̃ de cela auoit prophetizé mon aueugle, quand il me disoit en Escalone, que s'il y auoit hôme auquel le vin donneroit vie, que ce seroit à moy. Alors i'eu grande pitie de mes compagnons qui furẽt morts en la mer, pource qu'ils ne m'accompagnerent point au boire: car s'ils l'eussent fait, ils eussẽt esté peut estre là aupres de moy encor en vie, auec lesquels i'eusse peu prédre quelque plaisir & ioye. Alors ie ploray à par moy tous ceux qui s'estoyent noyez en la mer, & pensay derechef, par aduenture iaçoit qu'ils eussent beu, si n'eussent-ils pas eu la perseuerance ni

l'aul'audace deüe: car tous ne sont point Lazare de tormes, qui apprins l'art en celle insigne escole & tauernes de Tolette auec ces seigneurs-là d'autre païs. Et puis pensant & repensant ainsi ces & autres choses, ie vey venir où i'estoye vne grande quantité de poissons, les vns montans d'embas, & les autres descendans d'enhaut, qui tous s'assemblerent, & m'enuironnerent la roche: Ie cogneu bien alors qu'ils venoyent auec mauuaise intention, pour-ce auec plus de crainte que desir me leuay auec grande peine, & me mi en pied pour me mettre en defence: mais ie trauaillay tout en vain, car à celle saison iestoye perdu & en dãger de mort, de cete mauuaise eaüe qui m'estoit entree au corps, dont i'estoy si vomitif & affoibli, que ie ne me pouuoy pas tenir debout sur mes pieds, ni hauser l'espee pour me defendre. Et quand ie me vey si prochain à la mort, regarday par tout si ie verroy aucun

cun remede, puis que c'estoit pour neât
de le chercher en la defence de mon espee, pour ce qui est dit dessus : & allant
par la roche du mieux que ie pouuoye,
Dieu voulut que ie trouuasse en elle vne
petite ouuerture, & par icelle entray : &
aussi tost q̃ i'y estoy dedans, ie vey que
c'estoit vne cauerne qu'il y auoit en la
mesme roche, & iaçoit que l'entree en
fut fort estroite, si estoit-elle toutefois
assez ample & large par dedans, & n'a-
uoit point d'autre porte. Il me sembla
que nostre Seigneur m'auoit là amené, à
fin q̃ ie recouurasse quelque peu de force, de celle que i'auoy perdue, & ayant
recouuré vn peu de courage, ie tournay
la face vers les ennemis, & posay à l'entree de la cauerne la pointe de mon espee, & mesmemẽt commençay tres-fu-
rieusement d'estoc & de taille à defendre mon extreme mal-heur & peril. En
ce temps-là toute la multitude des
poissons m'assiegerent, & donnerent de
fort

fort grands tours & assauts en beau, &
s'approcherent pres à la bouche de la
cauerne, & aucuns, qui s'estimerent de
plus hardis, me pensoyent entrer, mais
il ne leur alloit pas bié: car cōme i'eusse
posé l'espee, le plus fort que ie pouuoye
auec tous deux les mains, à la porte, s'y
mirent dedans, & perdirent leurs vies:
& autres, qui venoyent auec fureur, se
blesserent fort grieuement: mais toutefois pour cela ne leuerent point le siege.
Entre tant suruint la nuict, qui fut cause
que le combat se relascha encor vn peu
d'auantage, iaçoit qu'ils ne laisserent
pas pourtāt de m'assaillir par plusieurs
fois, pour veoir si ie me dormoye, ou
s'ils trouuoyent en moy lascheté.

Donques estant le poure Lazare en
ceste angoisse, me voyant enuironné
d'autant de maux en vn lieu si estrange
& sans remede: & considerant comme
mon bon cōseruateur le vin peu à peu
me commençoit à defaillir, par le de-
faut

faut duquel la falee caüe s'enhardoit, & à chafque fois me faifoit iniure & outrage: & que ce n'eſtoit pas poſsible de me pouuoir fuſtenter, eſtant ma cõdition fi contraire de ceux qui viuẽt là: & que pareillement chafque heure les forces me commençoyent de plus en plus à defaillir, tant pour-ce qu'il y auoit ia long temps q̃ mon affligé corps n'auoit point eu de refection, finon trauail: comme auſsi pour-ce que l'eau digere & confume beaucoup. Ores ie n'attendoy autre chofe, finon quand l'efpee me tomberoit de mes foibles & tremblantes mains; & que mes contraires, auſsi toſt qu'ils verroyent cela, executeroyent en moy vne mort fort amere, faifans leurs corps la fepulture du mien. Donques confiderant toutes ces chofes, & n'ayant aucun remede, ie recouru auquel tout bon Chreſtiẽ doit recourir; me recommandant à celuy, qui donne remede à ceux qui n'en ont
point,

point, qui est de misericordieux Dieu nostre Seigneur. Là de nouueau commençay a gemir, & plorer mes pechez, & à demander perdon d'iceux, & à me recommander à luy de tout mon cœur & volonté, le suppliant qu'il me voulut deliurer d'icelle mort furieuse & soudaine; en luy promettant grande emendation en ma vie, s'il luy plaisoit me la donner. Apres ie tournay mes prieres à la glorieuse saincte Marie sa mere & nostre Dame, en luy promettant de la visiter en ses maisons de Monferrat & Guadalupe, & la roche de France: Apres i'addressay mes supplications à tous les Saincts & Sainctes, & specialement à sainct Elme, & au seigneur sainct Amateur, qui auoit aussi passé d'infortunes en la mer caillee. Et cela fait, ne laissay aucune oraison de celles que ie sçauoye, q̃ i'auoy apprins de l'aueugle, que ne les priay toutes auec grande deuotion, la du Conte, la de

G la

la emmuree, le iuste Iuge, & beaucoup d'autres, qui ont vertu contre les perils de l'eaüe.

Comme Lazare de Tormes fut conuerti en Thon, grand poisson de mer.
Chapitre II.

Finalement le Seigneur (par la vertu de sa passion, & par les prieres des susdits, & pour tout le reste qu'il y auoit deuant mes yeux) œuuroit en moy vn merueilleux miracle, jaçoit que petit à sa puissance; & fut que (moy estant ainsi sans ame, foible, & à demi noyé de beaucoup d'eaüe, qui, comme i'ay dit, m'estoit entré à mon grand ennuy; & pareillement roide & mort de froid, de la froidure; que, ce pendãt que mon conseruateur le vin estoit en moy, ie n'auoy onc senti; mon triste corps trauaillé & mis en pieces, de l'angoisse & cõtinuelle persecutiõ, & defailli du nõ mãger:) alors subitemẽt ie senti q̃ mon
estre

estre d'hôme se chágea, & deuant q̃ i'y pensay, me vey deuenu poisson, ni plus ni moins, & de celle propre façon & forme, qu'estoyent ceux qui assiegé m'auoyent tenu & tenoyét: Lesquels, aussi tost que i'estoy transmué en leur figure, ie cogneu q̃ c'estoyét de Thons, & entendi comme ils taschoyent de procurer ma mort, & disoyét: Cestuy-ci est le traistre, ennemi de nos sauoureuses & sacrees eaux; cestuy-ci est nostre aduersaire, & de toutes les nations de poissons: car il s'est porté si executiuement à l'encôtre de nous depuis hier en çà, blessant & tuant autant des nostres, il n'est pas possible qu'il eschappe d'ici: mais le iour estant venu prédrons de luy vengeâce. Ainsi i'oyoy la sentence, que les seigneurs donnoyent contre celuy, qui ia estoit deuenu Thon côme eux. Apres q̃ ie me fusse vn peu reposé & rafraischi en l'eau, prenant haleine, & me trouuant autant sans peine & pas-

G 2 sion

sion, cõme quand ie fusse plus sans elle, lauant mon corps par dedans & par dehors en celle eaüe, laquelle au present & de là en auant trouuay fort douce & sauoureuse, me regardant d'vne part & d'autre, pour veoir si ie verroy en moy aucune chose, qui ne fut conuerti en Thon, estant en la cauerne fort bien à mon aise: ie pensay s'il seroit bon que ie demeurasse là iusques à ce que le iour viendroit; mais i'auoy crainte qu'ils m'eussent cogneu, & que ma conuersion leur eut esté manifeste: d'autre part ie craignoye de sortir, pour-ce q̃ ie n'auoy pas confiãce de moy, si ie m'entendroy bien auec eux, & les scauroy respondre à ce qu'ils m'interrogassent, & que cela fut cause que mon secret seroit descouuert: car iaçoir que ie leur entendoye, & me voyoy de leur façon, si auoy-ie toutefois grande peur de me veoir entr'eux. Finalement ie deliberay que le plus seur estoit qu'ils me trouuassent

sent là parmi eux: car iaçoit qu'ils ne me
tinssent pas pour vn d'eux, moyennant
que ie ne fusse point trouué Lazare de
Tormes, ils penseroyent que i'auroye
esté pour le sauuer, & me demandero-
yent côte de luy: parquoy il me sembla,
que, sortant deuant le iour, & me meslât
auec eux, estans si grand nombre: par
aduenture ne me reietteroyent point
de veor, ni me trouueroyent estrange:
& comme ie le pensay, ainsi le mi en
œuure.

Comme Lazare de Tormes, estant devenu
Thon, sortit hors de la cauerne; & comme
les sentinelles des Thons le prindrent, &
l'emmenerent devant le General.
Chapitre III.

EN sortant donques, Seigneur, aussi tost que ie fu parti du rocher, ie
voulu incontinêt esprouuer la langue,
& commençay à crier à haute voix,
meure, meure: mais à peine i'auoy a-

G 3 che-

cheué ces paroles, q̄ ie vey venir vers moy les sentrinelles, qui tenoyēt le guet au pecheur Lazare; & estans aupres de moy, me demandoyent qui viue? Seigneur, disoy-je, viue le poisson & les tres-illustres Thons. Mais pourquoy cries-tu, me demandoyēt-ils, qu'as-tu veu ou senti en nostre aduersaire, que tu nous troubles ainsi; de quelle Capitainie es-tu? Ie leur disoye, qu'ils me mettroyent deuāt le Seigneur des Capitaines, & qu'ils scauroyēt là ce qu'ils demandoyent. Incontinent l'vn de ces Thons cōmāda à dix d'entr'eux qu'ils m'amenassent au General, & luy demeura, faisant la garde auec plus de dix mille Thons. I'estoy fort joyeux de me veoir entendre auec eux, & disoy à par moy: Celuy qui m'a fait ce grand bien, n'a rien fait en vain ni mal. Ainsi nous cheminions, & peruenions, aussi tost que le iour commēçoit à poindre, à la grande armee, où il y auoit assemblé

LAZARE DE TORM.

blé si grand nombre de Thons, qu'ils me donnerent effroy: quand ils cogneussent à ceux qui m'apportoyent, nous laisserent passer; & estans arriuez au manoir du General, vn de mes conducteurs, en faisant la reuerence deuë, luy raconta en quelle maniere & en quel lieu ils m'auoyent trouué; & que, m'estant interrogué par leur Capitaine Licio qui l'estoye, i'auoy respondu qu'ils me mettroyent deuant le General: & que pour ceste cause me portoyent deuant sa grãdesse. Le Capitaine general estoit vn Thon auantagé des autres en corps & grandeur, lequel me demanda qui i'estoye, & côme ie m'appelloye, & en quelle Capitainie i'estoye, & que c'estoit que ie demandoye, puis que ie demanday estre mené deuant luy? A ceste faison ie me trouuay confus, & ne sçauoy pas dire mõ nom, iaçoit que i'auoy esté bien baptizé, excepté si i'eusse dit que i'estoy Lazare

de

de Tormes: Puis d'où, ni de quelle Capitainie, ie ne le sçauoy pas dire aussi, d'autant que i'estoy si neuuement transformé, & que ie n'auoy pas notice des mers, ni cognoissance de celles grandes compagnies, ni de leurs noms particuliers, de maniere que, dissimulant aucunes des demandes que le General me fit, ie respondi & luy disoye: Mōsieur, estāt vostre Grandesse si valeureuse comme lon sçait par toute la mer, grande paucité & folie me semble qu'vn homme miserable se defende de si grande valeur & puissante armee; iaçoit que son estat & le grād pouuoir des Thons fut beaucoup moindre. Et di, puis que ie suis ton subject, & suis à ton commandement & de ta bande, ie me vante & promets de te mettre en pouuoir de ses armes & despouille, & si ie ne le fay pas, que vous commandez de faire iustice cruelle de moy: mais pour oüy ou pour non ie ne m'offri point à luy donner le Lazare, à

fin

fin de n'estre tenu pour suspect; & ce poinct ne fut pas mal latin, sinon d'vn lettré seruiteur d'Aueugle. Le General eut grand plaisir de cela, voyant m'offrir à ce que ie m'offroye, & ne voulut sçauoir de moy plus de particularitez; mais incontinent respondit, & me dit: Vray est, que, pour empescher morts des miens, ie suis deliberé de tenir assiegé ce traistre, & le prendre par faim: mais si tu t'enhardis à luy entrer comme tu dis, il te sera tres-bien payé; iaçoit qu'il me desplairoit fort, si tu, en t'efforçat pour nostre Seigneur le Roy & moy, endurasses la mort à l'entree, comme autres ont fait: car i'estime beaucoup mes vaillans Thons, & aimeroy mieux garder à ceux, que ie voy estre de plus grād courage, comme vn bon Capitaine doit faire. Monsieur, respondi-ie, que vostre tres-illustre Excellence ne craigne mon peril: car i'espere de l'effectuer sans perdre goute de sang. Et bien donc, dit-il, si tu le fais ainsi, le seruice sera grand, & espere de te le bien recompenser; & puis le iour point, ie veux veoir comment accompliras ce que tu as promis. Il commanda incontinent à ceux qui auoyent charge, qu'ils remeussent contre le lieu où l'ennemi estoit; & cela fut vne chose merueilleuse, de veoir remuer vn camp si puissant & capital, q́ pour vray nul ne l'eust veu, à qui ne donnat frayeur. Le Capitaine me mit à son costé, en me demandāt la maniere que ie pésoye auoir pour luy entrer: ie la luy disoye, en feignant grandes manieres & finesses de guerre: & en parlant arriuames aux sentinelles, qui estoyent quelque peu pres de la cauerne ou roche. Et Licio le Capitaine (lequel m'auoit ēuoyé au General,) estoit auec toute sa compagnie bien à point, en tenant de toutes parts serree la cauerne; mais non pas pour cela qu'aucun s'osat approcher à la bouche d'elle:

LAZARE DE TORM.

le: car le General l'auoit fait prohiber, pour euiter le dommage q̃ Lazare faisoit, & pour-ce qu'au tẽps q̃ ie fu conuerti en Thon, l'espee demeura fichee à la porte de la cauerne, tout ainsi que ie la auoy posee quand i'estoy homme, laquelle les Thons voyoyent, craignãs que le rebelle la tenoit, & qu'il estoit derriere la porte. Et quand nous y arriuames, ie di au General qu'il cõmanderoit retirer ceux qui tenoyent le siege, & qu'aussi bien luy comme tous s'esloignassent de la cauerne: ce qui fut fait incontinẽt. Et cela fi-ie à fin qu'ils ne verroyent point le peu qu'il y auoit à faire à l'entree. Ie m'en y allay tout seul, en faisant de fort grands & vistes tours en l'eaüe, & lançãt par la bouche de grands coustelets ou pieces d'elle: Pendant que ie faisoy cela, alloit entr'eux de museau en museau la nouuelle, comme ie m'auoy offert d'entrer au negoce, & oüy dire: Il mourra comme autres si bõs & hardis ont fait; Laissez-le, que nous verrons bien tost sa subtilité perdüe. Ie feignoy qu'il y auoit par dedans defense, & qu'ils me iettoyét des estoccades, comme celuy qui les auoit ietté, & fuyoy le corps d'vne part & d'autre. Et d'autāt que l'armee estoit esperdüe de peur, ils n'auoyent point de lieu de veoir qu'il n'y auoit rien à veoir: Ie retournay autre fois m'approcher à la cauerne, & l'assaillir auec grande violence, & à me desuoyer comme par deuant: Et allay ainsi quelque espace de temps feignant combat, tout pour augmenter le soing. Apres que i'eusse fait cela aucunes fois, quelque peu desuoyé de la cauerne, commençay à crier à haute voix, à fin que le General & l'armee m'oüissent, & à dire: O homme miserable, penses-tu que te pourras defendre du grand pouuoir de nostre Roy & Seigneur, & de son valeureux & grād Capitaine, & de ceux de sa puissante armee?

mee? Penses-tu passer sans chastiement de ta grande audace, & du grand nombre des morts, qui par ta cause s'est fait en nos amis & prochains? Donne toy, donne toy à prison, à l'insigne & grand Capitaine, par aduenture aura merci de toy. Rende, rende les armes qui t'ont garanties, saille du lieu fort où tu es, car il te proufitera peu, & mets toy en pouuoir de celuy, auquel nul pouuoir en la grande mer s'egale. Moy donques criant ainsi, comme i'ay dit, tout pour estriller & esmouuoir les oüies au crieur ou cōmandeur, cōme lon souloit faire, d'autant que c'estoit vne chose en quoy ils prenoyent goust: s'approcha de moy vn Thon, lequel me venoit appeller de la part du General, ie m'en allay vers luy, auquel & à tous les autres de l'armee trouuay quasi morts de risee, & estoit si grand le bruict & ronflemens qu'ils faisoyent en riant, q̄ lon n'oyoit point l'vn l'autre: & comme i'y arriuay, fort es-
ba-

bahi de si grande nouueauté, commanda le Capitaine general que tous se tairoyent, & ainsi y eut quelque silence, iaçoit qu'à la plus part la risee tournoit à leur surprendre, & au fin auec beaucoup de peine ouy le General, qui me dit: Compagnon, si tu ne sçais point d'autre maniere pour resister à la force de nostre ennemi, que celle de iusques à present, ni tu accōpliras ta promesse, ni moy suis sage de t'attendre, & d'auantage que ie t'ay seulement veu assaillir l'ētree, & n'y as osé entrer: mais de te veoir tascher auec efficace de persuader à nostre aduersaire ce qu'il doit faire quelconque; cela, à mon semblāt & de tous ceux-ci, tu estois bien excusé de faire, & nous semble temps fort mal employé, & paroles dites en vain: car ni ce que tu demandes, ni ce que tu as dit, en mille ans ne le pourras accomplir; & de cela nous rions, & nostre risee est fort iuste, de veoir qu'il semble

que

LAZARE DE TORM. 159

que tu es deuisant auec luy, comme s'il fut autre tu; & en disant cela retournerent à leur grand rire. Et i'apperceu ma grande folie, & di à par moy: Si Dieu ne m'eust point gardé pour vn plus grand bien, ces fols, de veoir le peu & mal que ie scay vser de Thon, apperceuroyent, que si i'ay l'estre, que ie n'ay pas le naturel: Toutesfois ie voulu remedier à mon erreur, & di: Quand vn homme, Monsieur, ha desir d'effectuer ce qu'il pense, à luy aduient ce qui m'est aduenu. Lors esleua le Capitaine & tous autre plus grande risee, & me dit: Tu seras incontinent hôme. I'estoy prest à respondre, Tu l'as dit; Et l'auoy bien inuenté: mais i'eu peur qu'en lieu de deschirer son vestemét, fut deschiré mon corps: & à tant laissay les graces pour vn autre temps plus conuenable. Moy voyant qu'à chasque coup parloit mon ignorance, & me semblant qu'à peu de ces eschecs pourroy estre

mat-

matté, me commençay à rire auec eux, & Dieu sçait que ie rechignoye auec vne peur fort grande, que i'auoy à celle saison, & di à luy: Grand Capitaine, ma crainte n'est pas si grãde comme aucuns la font; car d'autãt que i'ay contention auec vn homme, la langue parle ce que le cœur pense: mais ores me semble que ie suis fort tardif en accomplir ma promesse, & en te donner vengeance de nostre contraire; pour-ce auec ta licence ie veux retourner à donner fin de mon faict. Tu l'as desja, me dit-il. Et incontinent fort confus & craintif de tels aduenemens ie me retournay à la roche, pensant en moy-mesme qu'il me falloit estre plus aduisé en mes paroles. Puis venant à la cauerne, m'aduint vne aduenture, & fut, que me retournant à retirer fort hastiuement en arriere, ie me ioignay du tout à la porte, & prin en la bouche celle, qu'autresfois ie prenoye en la main, & estoy pensant que ie feroye,

si

si i'entreroy en la cauerne, ou si i'iroy donner les armes à celuy, auquel ie les auoy promis: Enfin ie pesay, si i'y eusse entré, par aduenture ie seroy accusé de larrecin, & diroyent que ie luy auroy mangé, puis qu'on ne le sçauroit point trouuer, lequel seroit vn cas laid & digne de punition. Enfin ie me retournay vers l'armee, laquelle ia remuoit en mon secours, pour-ce qu'elle auoit veu me recouurer l'espee: Et moy, à fin que ie monstrasse plus grand courage, aussi tost que ie la recouuray de dessus la paroy, qui estoit à la bouche de la cauerne; i'en escrimay tortuant le museau, & à chacun costé si auec elle quasi comme de trauers. Venât au General, abbaissant deuant luy la teste, & tenant comme ie peu l'espee par la poignee en ma bouche, ie di: Grand Seigneur, voyez ici les armes de nostre ennemi, de huy n'y a plus à craindre l'entree, puis qu'il n'a pas auec quoy la defendre. Vous l'auez

fait,

fait, dit-il, comme vaillant Thon, & serez guerdonné de si grand seruice, & puis qu'auec si grand effort & audace auez gaigné l'espee, & me semble que vous vous en sçaurez mieux seruir que nul autre, tenez-la iusques à ce qu'ayons en nostre pouuoir ce meschant. Et incontinent vindrent infinis Thõs à la bouche de la cauerne, mais nul ne fut si hardi d'y entrer dedans, car ils craignoyẽt qu'à luy fut demeuré quelque poignard: Ie me preferoye d'estre le premier de l'eschelle, à telle condition qu'incontinent me suiuissent & donnassent faueur, & cela demandoy-je, à fin qu'y fussent tesmoings de mon innocẽce: mais si grãde estoit la crainte qu'ils auoyent à Lazaro, q̃ personne ne me vouloit suiure, iaçoit q̃ le General promettoit de grands dons à celuy qui auec moy secõdast. Estant donques ainsi, me demanda le grand Capitaine, que me sembloit que ie feroys,
puis

puis que personne ne me vouloit estre compagnon en celle perilleuse entree. Et ie respondi: Que pour son seruice io m'ehardiroy à entrer la seul, s'ils m'asseurassent la porte, & qu'ils ne craignassent d'estre auec moy. Il dit qu'il se feroit ainsi, & que quand ceux qui y fussent n'osassent point, qu'il me promettoit de me suiure. Alors s'approcha le Capitaine Licio, & dit: Qu'il entreroit derriere moy. Incontinent ie commēçay à brandir mon espee à l'vn bout & à l'autre de la cauerne, & à dōner auec elle de fort cruels coups d'estoc; & m'y lançay dedans, disant à hautes voix: Victoire, victoire, Viue la grande mer, & les grands habitateurs d'icelle, & meurent ceux qui habitent la terre. Auec ces voix, iaçoit que malformees, le Capitaine Licio, ia susdit, me suiuit, & entra incontinent, aprés moy; lequel ce iour estrangement se signala, & recouura auec moy beaucoup

coup de credit, en le voyant si courageux & auantagé des autres: Et à moy il me sembla qu'vn tesmoing ne souloit donner foy, & ne me bougeant de l'entrée, commençay à demander secours; mais en vain estoit mon appeller, que maudit celuy qui s'y osoit encores approcher: Et ne s'en faut pas beaucoup esmerueiller, car en ma cóscience i'eusse fait le mesme, si i'eusse pensé ce qu'ils pensoyent; parquoy est sinon dire la verité: mais moy i'y entray comme en ma maison, sçachant qu'il n'y auoyt pas vn limaçon dedans, & commençay à les animer, en leur disant: O puissans, grǎds, & valeureux Thons, où est vostre effort & audace à ce iour-d'huy? quelle chose se vous offrira, en quoy vous gaignerez si grand honneur? honte, honte. Considerez que vos ennemis vous estimeront peu, sçachans vostre peu d'audace. Auec ces & autres choses, que ie leur di, ce grand Capitaine, plus par honte que de
desir,

desir, y entra bien spatieusemēt dedans, criāt à haute voix: Paix, paix. En quoy je cogneu bien, qu'il n'estoit pas fort asseuré, puis qu'en temps de si grāde guerre il crioit paix: Et dés qu'il y fut entré, commanda à ceux de dehors qu'ils entrassent, lesquels, comme ie pense, entrerēt auec assez peu de cœur & d'effort: mais quand ils ne veirent point au poure Lazare, ni defence aucune, (iaçoit q̄ je donnay assez de coups d'espee par ces rochers-là,) demeurerent confus, & le General courroucé & honteux, du peu qu'accourut au secours de moy & de Licio.

Comme, depuis que Lazare avec tous les Thōs fussent entrez en la caverne, & ne trouvant à Lazare, sinon ses vestemens: entrerent autant, qu'ils se penserent suffoquer, & le remede que Lazare y donna.

Chapitre IIII.

LA cauerne bien regardee, trouuames les vestemés de l'esforcé Thon
La-

Lazare de Tormes; car ils furét de luy separez, quãd il fut côuerti en poisson, & quand ie les vey, craignay toutefois, si par aduenture mon triste corps y eut esté dedans, & l'ame seule côuertie en Thon: Mais Dieu voulut que ie ne me trouuay pas, & me cogneu estre de corps & d'ame chãgé en poisson, dont ie m'en esjoüi: car i'eusse neantmoins senti peine, & m'eussent douleu mes chairs, les voyãt despiecees & engloutir à ceux, qui de si bonne volõté l'eussent fait, & moy mesme l'eusse fait, pour n'estre different de ceux de mon estre, & ne donner auec cela cause d'estre cogneu. Estant donques le Capitaine general & les autres ainsi estonnez, regardans à chasque part, & voyãs tout à l'entour en craignant, iaçoit que desirans rencontrer auec celuy qu'ils rencontroyent: Apres auoir bien enuironnee & cherchee la petite cauerne, le Capitaine general me demanda;
que

q̃ me sembloit de cela, & de n'y trouuer point nostre aduersaire. Monsieur, luy respondi-ie, ie pense sans doute cestuy-là n'estre point hôme, sinon quelque diable, qui print sa forme pour nostre dommage: car qui veit iamais, ni oüit dire qu'vn corps humain se susteteroit si long temps dessus l'eau, ni qu'il fisse ce q̃ cestuy ha fait; & au fin l'ayant enfermé en vn lieu comme cestuy-ci, & nous estans ici, & si fort assiegé, qu'il s'en soit eschappé deuant nos yeux? Il luy pleut bien ce que ie disoye. Et parlans de ceci, nous aduint autre plus grand peril, & fut, que côme les Thons qui estoyent dehors commençassent à entrer en la couerne, se hasterent si fort, se voyans ia libres du côtraire, & pour auoir partie de son butin, & se venger des morts qu'il auoit fait de leurs affins & amis, que quand nous regardames, estoit la cauerne si pleine, que dès le paué iusques enhaut n'eussent pas
mis

mis vne espingle, qui ne fuſſe tout Thõs, & ainſi pacquez le vns ſur les autres nous nous ſuffoquions tous: car, cõme i'ay dit, celuy qui entroit ne ſe tenoit pas pour content, iuſques à ce qu'il arriua où le General eſtoit, penſant qu'on departoit la proye: de ſorte que veu la neceſsité & le grand peril auquel nous eſtions, le General me dit: Efforcé compagnon, quel moyen aurons nous pour eſchapper d'ici auec la vie, puis que tu vois comme le peril va croiſſant, & que tous ſommes quaſi ſuffoquez? Mõſieur, di-ie, le meilleur remede ſeroit, ſi ceux-ci, qui ſont aupres de nous, nous peuſſent donner lieu, & que ie peuſſe prendre l'entree de ceſte cauerne, & la defendre auec mon eſpee, à fin que plus n'y entraſſent, & par ainſi ceux de dedans, ſortiroyent, & nous auec eux ſans periller: Mais cela eſt impoſsible, d'autãt qu'il y a ſi grande multitude de Thons qui ſont ſur nous, & pouuez voir comme me pour cela l'on ne sçait point empescher qu'il n'y entrent plus; & pour-ce que celuy qui est dehors pense q̄ nous, qui sommes ici dedans, sommes departans la despouille, & en veulēt leur partie; vn seul remede voy-ie, & est: Si, pour eschapper, vostre Excellēce tient pour bon qu'aucuns de ceux-ci meurent; car pour ores faire place ne peut estre sans dommage. Puis qu'il est ainsi, dit-il, garde la face au gros, & triomphe de tous ces autres. Donques Monsieur, luy respondi-ie, puis que vous demeurez comme puissant Seigneur, deliurez moy à paix & à sauf de ce faict, & qu'en nul temps ne m'en aduienne par eux mal. Non seulement ne t'en viendra mal, dit-il; mais ie te promets que te viendront, pour ce que tu auras fait, de grands biens; car en tels temps est grand bien de l'armee que le Capitaine se sauue, & aimeroy mieux vne escaille que les subjects. O

H Ca-

Capitaines, di-je à par moy, qu'ils font peu de cas des vies des autres, pour sauuer leurs propres! combien y a il redeuables de ce que cestuy-ci fait? Combié different est ce que ceux-là font, à ce q̃ j'oüi dire qu'auoit fait vn Paul Decius, noble Capitaine Romain? & fut, que conspirãt les Latins cõtre les Romains, estãt les armees iointes pour combatre, la nuict deuant que la bataille se donna, Decius leur dit, que c'estoit ordõné des dieux, que si luy mouroit en la bataille, que les siens vaincroyent & seroyẽt sauuez, & si luy se sauuoit, que les siens deuoyent mourir. Et le premier qu'il procura en commençant la bataille fut, se mettre en partie si perilleuse, qu'il ne peusse eschapper auec la vie, à fin q̃ les siens la eussent, & ainsi la eurent: Mais en cela ne luy suiuoit point nostre Thon general. En apres moy voyant la seureté qu'il me dõnoit, ie di la seureté, & aussi la necessité qu'il y auoit de ce faire, &
l'ap-

l'appareil pour me venger du mauuais traitement & estroict, auquel ces meschans & peruers Thons m'auoyent mis. Commençay à brandir mon espee le mieux que ie peu, & à frapper à dextre & à senestre, en disant: Hors, hors Thōs mal-premeditez, indiscrets, & inciuils; car vous suffoquez à nostre Capitaine; & en ce disant, aux vns de trauers, aux autres de taille, par fois d'estoc, en peu de temps fey diableries, ne regardant ni ayant respect à aucun, excepté au Capitaine Licio; car l'ayant veu estre de bon courage en entrant en la cauerne, ie m'affectionay à luy, & l'aimay & regarday, & ne m'en print pas mal comme apres se dira: Quand ceux qui estoyent en la cauerne veirent la tuerie, cōmencerent à abandonner le logis & en sortirent auec beaucoup plus grande furie, qu'ils y entrerent. Et quand ceux de dehors sceussent la nouuelle, & veissent sortir à aucuns esceruelez & blessez, ne procurérẽt plus d'y entrer; & ainſi nous laiſſerent ſeuls auec les morts: lors ie me mi à la bouche de la cauerne, & de là commençay à ruer de fort cruels coups d'eſtoc: Et à mon ſemblant me vey ſi bien ſeigneur de l'eſpee en la tenant auec les dens, comme quand ie la tenoye auec les mains. Apres auoir repoſé du trauail & ſuffocation, noſtre bon General & ceux qui eſtoyent auec luy cõmencerẽt à ſorber de celle eaüe-là, qui à ceſte ſaiſon eſtoit tournee en ſang; & de meſme à deſchirer & manger les pecheurs Thons, que i'auoy occis; ce que voyant moy, commençay à leur tenir compagnie, me faiſant nouueau de celle viande; ie la auoy bien mangé par deuãt quelques fois en Tolette, mais non pas ſi fres comme on la mãgeoit là: Et ainſi me ſaoula de poiſſon fort ſauoureux, ne m'empeſchãt point les grandes menaces que ceux de dehors me faiſoyent, pour le dõmage

que

que i'auoy fait en eux. Et finalement quand il pleut au Generael, nous sortames dehors, en luy auisât de la mauuaise intention que ceux de dehors auoyent contre moy, à fin que son Excelléce pouruoiroit à ma seureté. Luy en sortant content & bien saoul, qu'on dit estre la meilleure heure pour negocier auec les seigneurs, fit publier, que ceux qui en dict ou en faict fissent contre le Thon estranger, qu'ils mouroyent pour cela, & eux & leurs successeurs seroyent tenus & estimez pour traistres, & leurs biens confisquez à la chambre du Roy: Quant à ce si le susdit Thon fit dommage en eux, ce fût pour ce qu'ils estoyent rebelles, & auoyent passé le commandement de leur Capitaine, & mis à luy par leur mesgard à l'article de la mort. Et auec ce tous eurent pour bien, que les morts fussent morts, & que les vifs eussent paix. Cela fait, le Capitaine fit appelter tous les autres Capitaines, Maistres de camp, & tout le reste des Officiers segnalez, qui auoyát charge de l'armee, & commanda que ceux qui n'auoyent entré en la cauerne y entrassent, & departissent entr'eux la despoulle qu'ils y trouuassent; ce qui fut fait incontinent, & estoyent autant, qu'encor chascun n'eut pas vn morceau de Thon. Apres qu'ils fussent sortis dehors, à fin qu'il semblat qu'ils faisoyent participans à tous, crierent sac à toute l'armee, de quoy fut fait accomplissement de tous les Thons en commun, car m'audite estoit la chose en la cauerne, si ce ne fut quelque goute de sang, & les vestemens de Lazare. Ici ie passay par la memoire la cruauté de ces animaux, & combien est differente la benigne condition des hommes à celle d'eux: Car posé le cas qu'en la terre aucun s'auançat à manger quelque chose de ce de son prochain, (lequel ie pense aduenir principalemét

au

LAZARE DE TORM. 175

auiourd'huy, d'autant que la conscience des hommes est ores plus large que iamais;) au moins n'y a nul si brutal, qui mange à son prochain mesme: Pour-ce ceux qui se plaignét en la terre d'aucunes iniures & forces qui leur sont faites, qu'ils viennent, viennent à la mer, & verront comme ce de là est pain & miel, au respect de ce qui aduient ici.

Lazare raconte le mauuais payement que luy donna le General des Thons pour son seruice, & de son amitié auec le Capitaine Licio.

Chapitre V.

DOnques retournant à ce qui fait au cas; le lendemain le General mesme m'appella tout seul en son logis, & dit: Efforcé & valeureux Thon estrange, i'ay ordóné que te soyét recompensez tant & si bons seruices & conseils, que tu nous as fait, car si ceux

qui comme tu seruët ne sont pas guerdonnez, lon ne trouueroit aucun és armees qui s'auenturat ainsi aux perils; pour-ce me semble, qu'en payement de cela tu gaignes nostre grace, & te soyét perdonez les valeureuses morts, qu'en la cauerne tu fis en nostre multitude: Et en memoire du seruice, qu'en me deliurant de la mort, tu m'as fait; que tu possedes & ayes pour la tienne propre celle espee, de laquelle tu nous as fait si grand dommage, puis que tu re sçais si bien seruir d'elle: auec aduertissement, que si auec elle tu fisses à nos subiects & naturels de nostre seigneur le Roy quelque violence, mouras par icelle; & auec ce me semble que tu ne vas pas mal payé, & d'ici en auant tu te peus retourner d'où tu es naturel; & me monstrant non pas fort bon visage, se mit entre les siens. Ie demeuray si estonné quand i'oüy ce qu'il dit, que ie perdey quasi le sentimét; car ie pensoy
que

ne te départes de ma compagnie, car
d'ici en auant ie te promets à foy de
gentil-hôme, de te fauoriser auec toutes mes forces, & auec celles de mes a-
mis, autant que ie puisse, veu que ce seroit fort grande perte, qu'vn si valeureux & segnalé poisson, comme tu es, se
perdroit: Ie luy rendey de grandes graces, pour la bonne volonté qu'il me
monstroit, & acceptay le plaisir & bonne œuure qu'il me faisoit, en m'offrant
à luy seruir tant que ie viuroye; & auec
ce il fut tres-content, & appella iusques
à cinq cens Thons de sa compagnie, &
leur commanda q̃ d'ores en auãt eussent
chargé de m'accompagner, & regarder
pour moy comme pour luy mesme; &
ainsi fut qu'iceux iamais de iour ni de
nuit ne se partoyent de moy, & ce auec
grande volonté; car il y auoyent bien
peu de ceux-ci qui m'auoyent en haine:
Et ne pense pas que des autres y auoir
aucun en l'armée, qui ne me portat bon-

H 6 ne

ne affection; car il leur sembla ce iour-là du combat q̃ ie me segnalay, & donnay à cognoistre grande vaillance & effort en moy. De ceste maniere confirmames le Capitaine Licio & moy amitié, laquelle nous monstrames l'vn à l'autre, comme ie diray en auant. De cestuy-ci ie sceu plusieurs choses & coustumes des habitans de la mer, les noms d'iceux, & beaucoup de prouinces, royaumes, & seigneuries d'elle, & des seigneurs qui les possedoyent. De sorte qu'en peu de iours me fit si experimenté, qu'aux natifs en elle ie faisoy aduantage, & donnoy plus de conte & relation des choses, qu'eux mesmes.

Comme le camp se desfit, & tous les Capitaines furent citez à la cour, & de la maniere que ces poissons-là usent pour acquerir à manger: Et comme Lazare vint où Licio & ceux de sa compagnie eurent leur logis & famille, & comme il y fut receu.
Cha-

que pour le moins il m'auroit fait vn grand homme, ie di Thon, pour ce que i'auoy fait, en me donnant charge perpetuelle d'vne grande seigneurie en la mer, comme il m'auoit promis. O Alexandre! di-ie à par moy, vous departiez & despendiez les gains gaignez auec vostre armee & cheualiers: Ou ce que i'auoy ouy de Cayus Fabricius, Capitaine Romain, de quelle maniere il guerdonnoit, & gardoit la couronne, pour couronner aux premiers qui s'aduenturoyent à entrer en la lice: Et tu Gonçalus Fernandes, grand Capitaine Espagnol, tu fis d'autres bienfaicts à ceux qui de semblables choses, en seruice de ton Roy & en augmentation de ton honneur, se segnalassent: Car tous ceux qui te seruirent & suiuirent, combien qu'il y en eut, tu les esleuas de la poussiere de la terre, & les fis valeureux & riches. Comment ce mal-aduisé Thon le fit auec

moy, en me faisant guerdon de celle, qui en Tolette m'auoit cousté mes trois reaux & demi. Donques oyāt ceci ceux qui en la terre se plaignēt de seigneurs, qu'ils se consolent; puis que iusques en la profonde mer s'usent les courts guerdons des seigneurs. Moy estāt ainsi pensif & triste, & l'apperceuant en moy le Capitaine Licio, s'approcha de moy, & me dit: Ceux qui se confient en quelques seigneurs & capitaines, ainsi que tu as fait; que quand ils sont en necessitez, font beaucoup de promesses, & estans deliurez d'icelles, ne se souuiennēt du promis. Ie suis bō tesmoing de tout ton bon effort, & de tout ce que tu as fait valeureusement, comme celuy qui se trouua à ton costé, & voy le mauuais payement que tu emportes de tes prouesses, & le grand peril auquel tu es; car ie veux que tu scaches, que plusieurs de ceux-ci, qui sont aupres de toy, sont machinans entr'eux ta mort; pour-ce
ne

auec elle, car mon page, ayāt entortillé & bouté par les anneaux de l'espee vne du beaucoup de ses queües, la portoit à son plaisir, & encor me sembla qu'il bragardoit & glorifioit auec elles. De ceste sorte cheminames huit soleils, car ainsi appellēt-ils en la mer les iours, au bout desquels arriuames où mon ami & ceux de sa compagnie auoyent leurs fils & femelles, desquelles fumes receus auec beaucoup de ioye, & chacun auec sa famille s'en alloit à son logis, en me laissant à moy & au Capitaine au sien. Apres que nous fumes entrez au logis du seigneur Licio, il dit à sa femelle: Madame, ce que i'apporte de ce voyage est, d'auoir gaigné pour ami ce gētil Thon que voy-ci, lequel gain i'estime beaucoup, pourtant ie te prie qu'il soit de vous festoyé, & fait à luy tel traitemēt, que vous souliez faire à mon frere, car en ce vous me ferez vn plaisir singulier. Icelle estoit vne fort belle Thonnine: &
de

de grande authorité respondit : Pour certain, Monsieur, cela se fera comme vous mandez, & s'il y eut faute quelconque, ce ne sera pas de volonté. Ie m'humiliay deuant elle, la suppliant qu'elle me donnat les mains pour les luy baiser; mais il pleut à Dieu que ie le luy di vn peu bas, & qu'elle n'y prenoit point de garde, & qu'ainsi n'oüirent pas ma folie. Ie di à par moy: Maudite soit ma temerité, que ie demande à baiser les mains de celle qui n'a qu'vne queüe. La Thonnine me fit vn recueil amoureux de museau, en me priant que ie me leuasse; & ainsi fu tres-bien receu d'elle, & m'offrant à son seruice, fu d'elle fort bien respondu, comme d'vne dame tres-honorable. Et de ceste maniere nous fumes là aucuns iours, & fort à nostre aise, & fort bien traité de ces seigneurs-là, & serui de ceux de sa maison.

Com-

Chapitre VI.

Donques en ce temps nostre camp se desfit, & le General commanda que chasque capitainie & compagnie s'en allat à son logis, & que d'ici à deux lunes ou mois fussent tous les Capitaines ensemble en la cour, car le Roy l'auoit ainsi fait cõmander. Nous nous partimes mon ami & moy auec ceux de sa compagnie, qui estoyent à mõ semblãt iusques à dix mille Thons, parmi lesquels y auoit peu plus de dix femelles, & celles-là estoyent Thonnines du monde, qui souloyent aller entre les gens de guerre à gaigner leur vie. Ici vey-ie d'art & finesse que, pour chercher à manger, ces poissons vient, & est, qu'ils s'espandent d'vne part & d'autre, & se font en grand circuit de plus d'vne lieüe en tour, & quãd ceux de l'vn bout soyent joints auec ceux de l'autre, ils tournẽt les museaux l'vne contre l'autre, & s'assemblent derechef

chef, & tout le poisson qu'ils prennent au milieu meurt à leurs dens: Et ainsi chassent vne ou deux fois le iour, selon qu'ils vont souuent dehors: De ceste sorte nous nous assouuiõs de beaucoup & sauoureux poissons, comme estoyent pajels, bonits, esguilles, & autres infinis genres de poissons, en faisant vray le prouerbe qui dit, que le grand poisson mange au plus petit: car s'il aduenoit d'acquerir dedans le parc quelques plus grands que nous, incontinent leur donnions passeporte, & les laissions s'en aller, sans nous mettre auec eux en broulleries, excepté que s'ils vouloyent estre auec nous, & nous aider à tuer & manger, conforme au dict, qui ne trauaille point, qu'il ne mange point. Nous prenions vne fois entre autres poissons certains poulpes, au plus grand desquels ie reseruay la vie, & le prin pour esclaue, & en fey mõ page d'espee, & ainsi n'a-noy pas la bouche empeschee ni peine

auec

Comme Lazare enseigna à escrimer au Capitaine Licio & à toute sa compagnie: & comme Licio se partit à la cour fort triste.
Chapitre VII.

CE temps pendant ie monstray au Capitaine à escrimer, moy ne l'ayant de ma vie iamais apprins, & se fit fort adextre de l'espee, ce qu'il estimoit beaucoup; & pareillement à vn sien frere appellé Melo, qui estoit aussi vn Thon fort genereux. Puis moy estant vne nuict en mon repos pesant la fort bonne amitié que i'auoy de ce poisson mon ami, desirant qu'il s'y offrit quelque chose, en quoy ie luy peusse payer partie du beaucoup que ie luy deuoye, me vint en pensement vn grand seruice q̃ ie luy pourroy faire, & incontinẽt au matin le communiquay auec luy, & il le tint pour bien, entant qu'il se pouuoit faire ainsi, & luy valut beaucoup, comme en auant ie diray; & fut le cas, que moy le voyant si affectionné né aux armes, ie luy di, qu'il deuoit enuoyer vers celle partie où aduint nostre infortune, & que là se trouueroyent beaucoup d'espees, lances, poignards, & autres sortes d'armes, & qu'ils en troussassent toutes celles qu'ils peussent porter; car ie vouloy prendre charge de monstrer celle nostre compagnie à escrimer, & leur faire dextres & adroits aux armes, & si cela auoit effect, sa cōpagnie seroit la plus puissante & valeureuse de toutes, & de laquelle le Roy & toute la mer feroit plus de cas; car elle seule vaudroit plus que toutes les autres ensemble; & que de cela redonderoit sur luy beaucoup d'honneur & de gain. Ce luy sembla conseil de bon ami, & m'en remercia fort gramment, & incontinent executant l'aduis y enuoya son frere Melo auec iusques à six mille T ons; lesquels auec toute breueté & bonne diligence vindrent apportans infinies espees & beaucoup d'autres armes,

mes, desquelles grande partie estoyent rongees de la roulle, & deuoyent estre du temps quand le peu heureux don Yugo de Mōcada passa autre tempeste en ce passage-là: Les armes estans venues furent departies aux Thons qui nous semblerent estre les plus habiles; & le Capitaine par vn bout, & son frere par vn autre, & moy estoy comme surmaistre, auquel ils venoyent auec les doutes, n'entendions en autre chose, sinon en leur monstrer à les tenir & escrimer auec elles, & à fin qu'ils sceussent jetter de trauers, & de taille, & de fine estocade; Aux autres, qu'il nous sembla bon, on dōna charge de chasser & chercher à manger. Aux femelles fimes entendre en nettoyer les armes auec vne inuention gentile que ie donnay, & fut, qu'elles les tirassent hors & missent ès lieux qui eussent arene, iusques à ce qu'elles demeurassent luisantes. De maniere que tous estans mis à poinct, & qui

qui lors eut veu celle piece de mer, ce luy eut semblé vne grande bataille en l'eaue; au bout de quelques iours il y auoit bien peu des Thõs armez, qu'on ne tint pour vn autre Aguirre le dextre. Nous entrames en conseil, & fut accordé que nous fissions ligue & amitie perpetuelle auec les Poulpes, dès qu'ils vindrent à viure auec nous, à fin qu'ils nous seruissent auec leurs larges pands de pendans, & ainsi se fit; & l'en esjoüirent, pour-ce que nous leur eussiõs pour amis, & les maintinsions; lesquels, comme i'ay dit, nous pouuoyent seruir sans peine. Et en ce temps s'accomplit le terme des deux mois, au bout desquels le Capitaine general auoit commandé que tous les Capitaines fussent ensemble en la cour. Et Licio se commença à mettre à poinct pour l'allee, & entre luy & moy fut debatu s'il seroit bon m'en aller auec luy à la court, & baiser les mains au Roy, &

& qu'il eut notice de moy: Mais nous trouuames n'estre pas bonne la volonté que le General monstra, & qu'il seroit mal-conuenát, pour-ce qu'il m'auoit expressement commandé que ie m'en allasse à ma terre: parquoy apres auoir bien debatu le negoce, estans presens au debat Melo frere du Capitaine Licio de fort bon esprit, & la belle & non moins sage Thonnine sa femelle, fut le sembler de tous que pour le present ie demeurasse là en sa compagnie: car il determina d'y aller à la legere, & amener peu des siens; & que apres qu'il seroit arriué là, informeroit au Roy de moy, & de ma gráde valeur, & que comme le Roy luy respondroit, ainsi feroit ce qui fut bien. Auec cest accord le bon Licio se partit auec iusques à mille Thons; & demeurames son frere Melo & moy auec les autres au logis. Et au temps qu'il se despescha de moy, me tirant à part dit: Vray ami

ami ie te fay fcauoir, que ie m'en vay fort trifte, pour vn fonge que ie fongeay cefte nuict, Dieu vueille qu'il ne foit point vray, mais fi par mon mal-heur il deuient vray, ie vous prie ayez vous comme bon, & vous fouuenez de ce que de volonté me foyez en charge, & ne vueillez point fcauoir de moy d'auantage, car il ne conuient pas ni à toy ni à moy. Ie luy priay fort qu'il fe manifeftat comment, & il ne voulut pas; ains cōme il eftoit ia defpefché de fa dame, & de fon frere, & des autres, en me donnant du mufeau, s'en alla non point ioyeux, en me laiffant fort trifte & cōfus. Ie penfay plufieurs & diuers penfemens fur ce cas, & en vn d'iceux fey quelque demeure, difant: Par aduenture ceftuyci, auquel ie doy tant, pēfe que la beauté de fa Thonnine, laquelle le plus fouuent on n'embraffe pas auec beaucoup d'honnefteté, m'aueuglera, que ie ne voye ce que la mer varie fi grande mauuaiuailtie. Mais ceste bõne loy est au iourd'huy corrõpuë, & en la mer doit estre de méme, & n'est pas beaucoup. Ie passay par la memoire plusieurs choses sur ce cas, & me sembla bon de preuenir le remede, à fin qu'il s'en asseurat, & que ma loyauté ne souffrit point; & fut que (estans arriuez deuãt la capitaine Thõnine moy & son beau frere, apres la auoir quelque peu consolé de l'ennuy que le departement de son mari leur causoit, principalement en voyant la tristesse que Licio emportoit, iaçoit q̃ si bien à moy & à elle s'en cela, au tems q̃u'il se despescha d'elle.) ie di à Melo, que ie desiroy estre son hoste, s'il le tenait pour bien; car estant en compagnie de femelles i'estoy mal festoyé, & plustost causeroy à sa seigneurie tristesse, q̃ de la luy oster. Elle me fut fort à la main, disant: Que si elle pensoit auoir quelque confort, c'estoit pour-ce que i'estoy en son pouuoir & logis, sçachant

le

le grand amour que son mari me portoit; & qu'aussi, au temps qu'il se partit d'elle, ne leur dōna autre plus grande charge, que le soing qu'elle deuoit auoir de moy; iaçoit que ie ne pensay pas ce qu'il estoit, ains differoyent nos pensemens: au fin comme m'auoyent assailli les noirs zeles encore comme Thon, que par aduenture i'auoy passé auec mon Eluire & mon maistre le Gentil-homme, ne peut iamais acheuer auec moy que ie demeurasse; ains m'en allay auec le beau frere, & quand ie venoy pour la visiter, l'amenay tous-jours auec moy.

Lazare raconte ce qu'au Capitaine Licio son ami aduint en la court auec le grand Capitaine.

Chapitre VIII.

PVis nous estans ainsi, comme i'ay raconté, par fois chassant, & par fois exerçant les armes, auec ceux qui
s'y

s'y estoyent faits adextres; huit jours apres que mon ami s'estoit departi nous arriua nouuelle, laquelle manifesta la tristesse qu'il emportoit au partir, en nous faisant tous les plus tristes poissons de toute la mer: Et fut le cas, que quand le Capitaine general s'eut auec moy si asprement comme j'ay raconté, il eut bien voulu que je m'en fusse incontinent allé de l'armee, & que les passionnez, ausquels j'auoy fait offence, m'eussent offencé & donné la mort; & encore, comme apres on sceut, il auoit commandé à certains Thons, que me voyans vagant, ils me tuassent: & estant verifié, ce n'estoit pas pour autre occasion, que d'autât qu'à luy sembloit (comme estoit vray) que j'estoy tel tesmoing de sa coüardise; car je ne trouuoy autre chose, sinon pour laquelle je meritoy estre gratifié: Mais Dieu donna remede à ceste meschan-

I ceté,

ceté, en mettant comme il mit à Licio au cœur la faueur qu'il me fit, ce qu'estant sceu par le General, print aussi auec luy grande haine & mauuaise volonté, affirmát & jurant, que ce que Licio fit pour moy, fut pour luy donner fascherie, & sçachant aussi qu'il auoit en luy mauuais tesmoignage, pour ce qu'il estoit auprès de moy, quád le General entra en la cauerne, en disant: Paix, paix. ensemble tout ce que le bon Capitaine m'auoit fait, & mieux que luy auec toutes ses meschantes finesses procura de faire, & aussi tost qu'il fut en la cour, incontinent vint auec grandes querelles au Roy, en le diffamant de trahison, disant qu'vne nuict (ayant le dit Capitaine Licio en charge la garde & la plus proche sentinelle) il luy auoit baillé beaucoup d'argent, pour le deliurer d'estre là; & cela disoit luy & beaucoup d'autres. Et ainsi luy aide
Dieu,

Dieu, comme il dist la verité; car Lazare de Tormes ne luy pouuoit donner, sinon beaucoup de testes de ceux qu'il auoit à ses pieds; & disposa de luy, disant, qu'il auoit amené de regions estranges vn Thon meschant & cruel, lequel auoit occis grand nombre de ceux de son armee, auec vne espee qu'il portoit en la bouche, de laquelle il joüoit si dextrement, que ce n'estoit pas possible sinon d'estre quelque diable, qui pour destruction des Thons auoit prins sa forme; & que luy voyant le dommage que le mauuais Thon auoit fait, le bannit, & luy commanda sur peine de mort qu'il se partit du camp; & que le dit Licio (en mespris du royal mandement, & de la couronne royale, & à son desdaing) l'auoit receu en sa compagnie, & donné faueur & aide; parquoy estoit encouru en crime de lese Magesté; dont par droict &

loy deuoit estre fait de luy justice, à fin qu'il fut chastié de son erreur, & q̃ les autres prinsent exemple à luy; à fin que de là en auant nul ne fit contre les mandemens Royaux. Le seigneur Roy ainsi mal informé & pis conseillé, donnant credit aux paroles de son mauuais capitaine, auec deux ou trois mauuais tesmoings corrompus, qui jurerent ce qu'il leur cõmanda, & auec vne probation faite en absence & sans la partie aduerse, le mesme jour q̃ le bon Licio vint à la court, tres-innocent de tout cela, commanda qu'il fut incontinent prins, & mis en vne cruelle prison, & jettee à son gosier vne tres-forte chaine: Et commanda au General qu'il fit auec toute solicitude mettre garde sur luy, & mener à pure & deüe execution son chastiement; lequel incontinẽt commit plus de trente mille Thons, pour le garder.

Com-

Comme estant sceu par Lazare la prison de son ami Licio le pleura fort luy & les autres, & ce que sur cela se fit.
Chapitre IX.

CEs tristes & douloureuses nouuelles nous apporterent aucuns de ceux qui estoyent allé auec luy, en nous donnant ceste relation à tous, & comme ils luy auoyent aggraué de ce que j'ay dit, & la maniere qu'on tenoit à l'oüir, & estre auec luy en justice: car le General auoit subornez tous les juges qui entendoyent au negoce, & que (selon qu'ils pensoyent, & selon que la chose estoit en si mauuais poinct) il ne pourroit eschapper d'vne breue & fort cruelle mort. A celle heure-là je me recorday & di à par moy ce dict ancien du viel Conte Clarus, qui dit: Quand tu acheuras aduenture, quand tu as à acheuer; en la terre mille mal-heurs, & ès mers beaucoup plus. Il se commença entre

I 3   nous

nous vn grand dueil & hurlement, & en moy doublé; car je pleuroy l'ami, & pleuroy à moy; que luy defaillant je n'auoy plus espoir de viure; demeurant au milieu de la mer & de mes ennemis, du tout seul & abandōné; & me sembla que celle compagnie se plaignoit de moy, & auec juste occasion, puis que j'estoy cause qu'ils perdissent celuy, auquel ils vouloyēt tout bien; non sans raison disoit sa Thonnine: Ha mon seigneur, vous partites si triste de moy, sans me vouloir donner partie de vostre tristesse; vous prognostiquiez bien ma grande perte! Sans doute, disoy-je, cestuy-ci est le songe q̃ vous mon bon ami songeates, icelle est la tristesse auec laquelle vous partites de moy, en nous laissant auec elle. Et ainsi chacun disoit & lamentoit; & je di deuant tous: Madame, & messieurs, & amis; ce que par les tristes nouuelles auons fait,
ha

ha esté fort juste, d'autant que chacun de nous monstre ce qu'il sent le plus: mais ores que ce premier mouuement, qui n'est en main de nulluy, est passé; ce sera juste, mes seigneurs, puis qu'a-uec pleur nostre perte ne se recoutre pas, que donnions breuement ordre en peser le meilleur remede que nous pourrions faire, & ce pensant & veu, le mettre incontinent en execution; d'autant que, selon que disent ces sei-gneurs, la trop grande haste, que nous donnent ceux qui nous hayent, le re-quiert. La belle & chaste Thonnine, qui estoit espandant beaucoup de lar-mes de ses yeux gracieux, me respon-dit: Nous voyons tous, efforcé sei-gneur, estre tres-vray ce que vous di-tes, & aussi la trop grande necessité que de nouueau nous auons; parquoy, si ces seigneurs & amis sont de mon semblant, nous nous deuons tous re-mettre à toy, comme à celuy auquel

I 4   Dieu

Dieu ha donné cler & segnalé sens, & veu que Licio mon seigneur, estût si sage & prudent, confioit ses difficils & graues negoces en vous, & suiuoit vostre conseil, ie ne pense pas errer, combien que je suis vne foible femelle, en vous suppliant que le preniez à charge de pouruoir, & ordonner ce qui conuient à la saluation de luy, qui d'vn si vray amour vous aime, & en consolation de ceste triste, laquelle vous demeurera tous-jours grandement redeuable. Et ayant dit cela, tourna à son grand pleur, & tous fimes le mesme. Melo & autres Thos estoyent auec la Dame Capitaine, & auec elle se trouuerêt à leur semblât conforme, lesquels me donnerent charge de ceste entreprise, en eux offrant à me suiure, & faire tout ce que je leur commandasse. Donques voyant que j'estoy obligé de ce faire, & me mettre en tout souci & trauail

pour

pour celuy, qui pour moy estoit en si grand destroit, discretement l'acceptay; en leur disant, q̃ je sçauoy bien, que chacun de leurs seigneuries l'eut fait mieux; mais d'autant qu'ils vouloyent que je le fisse, il me plaisoit bien. Ils m'en donnerent graces, & là incontinent accordames, qu'on le fit sçauoir à toute l'armée, ce qui fut soudainement fait, & dedans deux jours furent tous ensemble. Ie choisi pour mon conseil douze d'eux les plus riches, & n'eu point de respect à plus sages, s'ils estoyent poures: car je l'auoy ainsi veu faire quand j'estoy homme, ès assemblees où se traitoyent affaires d'importance; & ainsi vey assez de fois tomber auec la charge en la terre; car, comme je di, ils n'ont esgard à autre chose, sinon qu'ils aillent vestus de soye, non de sçauoir. Et ceux-ci separez, fut l'vn d'eux Melo, & la Dame capitaine, qui estoit

I 5   fort

fort ingenieuſe temelle, choſe pour vray fort claire en terre & en mer. Et cela fait, commandames à toute la cõpagnie qu'ils s'en allaſſent manger, & qu'ils vinſent incontinent en poinct de guerre, les armez auec leurs armes, & les autres en corps; apres qu'ils furent venus, je les fey conter, & trouuames en nombre de dix mille, cent & neuf Thons, & tous ceux-ci de bataille ſans femelles, petits & vieux, les cinq mille d'eux armez, cõme d'eſpee, poignard, lance, & couſteau; tous ceux-ci firent jurement en ma queüe, laquelle ils mirét ſur leur teſte, à l'vſance de là, (& encore je rioy à par moy, en tant qu'homme, de la plaiſante ceremonie.) qu'ils feroyent ce que je leur commanderoy, & mettroyent leurs armes, & ceux qui n'en euſſent point, leurs dents en celuy que je leur diſſe, procurant de toutes leurs forces à deliurer leur

Ca-

Capitaine, gardant la deüe loyauté à leur Roy. Nous ordõnames au conseil de guerre, que la Dame capitaine s'en allât auec nous, fort bien accompagnée d'autres cent Thõnines, entre lesquelles ēmena vne siéne sœur fille fort belle & idoine. Et fimes trois esquadrons, l'vn de tous les Thons desarmez, & les deux de ceux qui portoyent armes. En l'auāt-garde alloy-je auec deux mille & cinq cens armez, & en l'arriere-garde alloit Melo auec autant d'autres, les desarmez auec le bagage alloyent au milieu, & emmenant auec nous nos pages susdits, qui nous portoyent les espees.

Comme Lazare & ses Thons mis en ordre vont à la cour avec volonté de delivrer Litio.

Chapitre X.

DE ceste sorte que j'ay dit dessus nous nous mimes en chemin,

I 6 &

& auec tref-grande haste; donnant charge à ceux qu'il nous sembla bon de la pescherie, pour victuailler la compagnie, à fin qu'ils ne se deuoyassent: & prin aduis, de ceux qui nous auoyent apporté nouuelle, de la situation de la cour, & du lieu où nostre Capitaine estoit emprisonné; & au bout de trois jours arriuames à dix lieües pres de la cour; & d'autāt que, pour-ce que nous allions de nouuelle & estrange maniere, si on eust sceu de nostre allee, nous acquerrions scādale, on ordonna que ne passassions pas auant, jusques à ce que la nuict vint. Et commandames à certains Thons, de ceux qui nous auoyēt porté la triste nouuelle, qu'ils s'en allassent à la ville, & le plus dissimulé qu'ils peussent, enquissent en quel estat le cas estoit, & qu'ils retournassét à nous auec l'aduis; & aucuns d'eux vindrent nous donnant la plus mau-
uai-

uaise nouuelle q̃ nous eussions voulu. La nuict venuë fut ordonné que la Dame capitaine auec ses femelles, & Melo auec elles, auec jusques à cinq cens Thons sans armes, des plus honorables & vieux, s'en allassent de droit chemin au Roy: & comme ils sçauoyent bien, suppliassent au Roy, qu'il eut pour bien d'examiner la justice de son mari, & frere; & que moy auec tous les autres me misse en vne forest fort espesse d'arbres & de grandes roches, qui estoit à deux lieües pres de la ville, où le Roy alloit aucunes fois à la chasse, & q̃ là fussions jusques à veoir ce qu'ils negocioyẽt, lequel ils nous au sassent. Nous arriuames incontinẽt au boi, & le trouuames bien pourueu de poissons riuains, desquels nous nous engraissames, où pour mieux dire saoulames à nostre plaisir; l'admonestay toute la compagnie d'estre auec ses armes

I 7 preste

preste à combatre. La belle & bonne Thonnine vint là à l'aube du jour, & incontinent s'en alla au palais auec toute sa compagnie, & attendit long temps à la porte, jusques à tant que le Roy fut leué, auquel dirent la venuë de celle Dame, & le beaucoup qu'elle importunoit aux portiers, qu'ils la laissassent entrer, & parler à sa Majesté. Le Roy qui bien sentit à quoy elle venoit, leur enuoya dire, qu'elle s'en allat en bonne heure, qu'il ne la pouuoit pas ouïr. Veu donc que de parole il ne vouloit pas ouïr, alla par escrit, & là se fit vne requeste bien ordónee de deux Aduocats, qui plaidoyent pour Licio, en laquelle on luy supplia, qu'il voulut permettre ainsi ce jugement, d'autant que Licio auoit appellé par deuant sa Majesté; car nostre bon Capitaine estoit condamné à mort par ces seigneurs juges du crime, & estoit donnee ceste sentence le jour de deuant, laquelle nous sceussions de ceux que je di, disant: Que sa Magesté sceut que son mari auoit esté accusé auec fauseté, & fort injustement sentencié; & que sa Magesté fit de nouueau examiner sa justice, & que ce pendant il surseat la justice & execution de la sentence. Ces & autres choses fort bien dites furent en la bonne requeste, laquelle fut donnee à vn des portiers: Et au temps que la bonne Capitaine la luy donna, s'osta vne chaine d'or, qu'elle portoit auec sa bague, & la donna au portier, & luy dist, auec beaucoup de larmes & tristesse, qu'il se complaignit d'elle, & de sa fatigue, & qu'il ne regardat point au petit don. Le portier print d'elle la requeste de bonne volonté, & de meilleure la chaine, promettant de faire son possible, & ne fut pas en vain la promesse, car ayant leüe deuant le Roy la requeste,

s'ens'enhardit à dire autant & telles choses auec sa bouche pleine d'or à sa Majesté; ensemble luy racontant les pleurs & angoisses, que la Dame capitaine faisoit pour son mari à la porte du palais, qu'il fit esmouuoir le conseillé Roy à quelque pieté, & dist: Va auec cesté Dame aux juges du crime, & leur di qu'ils surseoyent l'execution de la sentence, car je veux estre informé de certaines choses conuenantes au negoce du Capitaine Licio. Et auec cest ambassade vint fort joyeux le portier à la triste, en leur demandant estreines de son bon negocier, lesquelles de bonne volonté elle luy donna; & incontinent sans retarder s'en allerent au logis des juges, & voulut son mal-heur, qu'allant par la ruë ils rencontrerent à Don Pauer, car ainsi s'appelloit l'inuenteur de ces nos ahans, lequel bien accompagné alloit au palais; mais quand

LAZARE DE TORM. 209

quand il veit la Dame & sa capitainie, & sceut qui elle estoit, & cogneut le portier, côme astut & sage soupçonna ce qu'il pouuoit estre, & auec grande dissimulation appella le portier, & l'interroga où il alloit auec ceste compagnie, lequel simplement le luy dist: Et il demonstra que cela luy plaisoit bien, estant au contraire, disant qu'il estoit bien content de ce que le Roy faisoit: Car en fin Licio estoit valeureux, & n'estoit point raisonnable de faire ainsi justice de luy, sans bien examiner le negoce: Les juges demeurerent en mon logis, qui venoyent à demander mon aduis en ce negoce, & moy j'alloy parler au Roy sur iceluy, & ils demeurent là m'attendant: mais puis que vous apportez expedition, retournons, & leur dites ce que le Roy nostre Seigneur commande, & en allant appella vn sien page, & fort riant il luy dist, qu'il
s'en

s'en allat aux juges, & leur dist, qu'incontinent à celle heure ils fissent de Licio la justice qu'on deuoit faire, car il le conuenoit ainsi pour le seruice du Roy: Et qu'ils le justiciassent en la prison, ou à la porte d'elle, sans le porter par les ruës, tandis que je detien ce portier. Le seruiteur le fit ainsi, & venant au logis, le traistre alla dedans auec le portier, & dist à Melo, & à sa belle sœur qu'ils attendissent, cependāt qu'il entroit à parler aux juges, & que de là tous iroyēt à la prison de Licio, pour le luy donner pour tien de sa bonne esperance, & qu'il vouloit aller auec eux. Mais à celle heure la mal-heureuse fut aduisee de la grande trahison, & plus grande cruauté du grand Capitaine; lequel jaçoit qu'il eut eu plus mauuaise voloté au bon Licio, si deuroit il auoir eu esgard à l'angoisse & larmes de la bone Capitaine sa femme,

&

& eut esté mieux de l'appaiser pour ce respect. Or quand le mal-heureux & traistre appella le page, à fin qu'il s'en allat pour negocier la mort du bon Licio, voulut Dieu qu'vn de ses seruiteurs l'oüir, & le dist à la bonne Capitaine, duquel le mauuais Capitaine ne se garda pas, laquelle, quand il le leur dist, tomba sans sentiment comme morte sur le col de son beau frere, qui estoit aupres d'elle. Melo, aussi tost qu'il loüit, print tréte Thōs, de ceux qui estoyent auec luy, à fin qu'auec la plus grande haste qu'ils peussent, me donnassent aduis du peril, auquel le negoce estoit; lesquels, comme fideles & diligens amis, s'hasterent si fort, qu'en bref nous fumes sçauans des tristes nouuelles, qu'ils nous apporterent criant fort hault: Armes, armes vaillans Thons, car nostre Capitaine souffre la mort, par trahison & astuce du traistre don

Pa-

Pauer, contre la volonté & commandement du Roy nostre Sire, & en peu de paroles ils nous racontent tout ce que j'ay raconté. Ie fey incontinent sonner la trompette, & mes Thons s'assemblerent auec leurs bouches armees, ausquels je fey vne tres-belle harangue, leur donnant conte de ce qui est raconté; pour tant que, côme bôs & efforcez, monstrassent leurs courages aux ennemis, secourant leur Seigneur en si extreme necessité; & ils respondirent tous qu'ils estoyent prests à me suiure, & faire au cas leur deuoir; acheuee leur responce, incontinent cômençames à acheminer vers la; Qui eut veu à celle heure le Lazare Thon deuant les siens, faisant l'office d'vn vaillant capitaine, les encourageant & esforçât sans l'auoir jamais vu, excepté en criant les vins, que je faisoy quasi le mesme, incitant les beuueurs, disant: Ici, ici Messieurs, qu'ici se vend le bon; &

n'y ha tel maistre comme la necessité. Donques de ceste sorte à mõ semblant en moins d'vn quart d'heure entrames en la ville, & allant par les ruës auec telle impetuosité & fureur, qu'il me sembla à celle saison, que je l'eusse voulu auoir auec vn Roy de France; & mi à mon costé ceux qui sçauoyent mieux la ville, à fin qu'ils nous guidassent, par le plus court chemin, où celuy sans coulpe estoit.

Comme Lazare deliura de la mort Licio son ami, & ce qu'il fit d'auantage pour luy.
Chapitre XI.

Donques nous allans auec la fureur & velocité que j'ay dit, nous nous mimes en vne grande place, qui estoit deuant la tour de la prison: Mais onc à mon penser secours n'entra ni arriua si bien à temps, Ni ce bon Scipion Africain ne secourut pas si bien à sa patrie, qui estoit quasi du tout occupée

-pee du grand Hannibal, comme nous secourumes au bon Licio. Finalement que le messagier, q̃ le traistre enuoya, sceut si bien negocier, & les seigneurs juges, qui de mesme s'esjoüirent de contenter celuy (jaçoit que meschant) grand seigneur & priué du Roy, à fin qu'autre jour il luy dist, qu'il tenoit fort bõne justice, & que ceux qui l'executoyent, estoyent fort suffisans: & ainsi leur aide Dieu, que, quand nous y arriuames, ils tenoyent nostre bon Licio sur vn eschafaut, & sa belle femme auec luy, en luy donnãt le dernier recueil de museau, que par grãdes prieres ils laisserent là venir elle & Melo, du tout sans esperance de nostre tressubit secours. Entour de la place, & par les bouches des ruës qui venoyent à elle, estoyent plus de cinquante mille Thons, de la compagnie du grand Capitaine, ausquels il auoit donné la garde du bon Licio. Le bourreau, qui
de-

deuoit faire la justice, faisoit fort haster la Dame capitaine, qu'elle s'en allat de là, & luy laissat faire son office, lequel tenoit en sa bouche vne fort grosse & aguë espine de balaine, de la largeur d'vn bras, pour la mettre par les joües de nostre fort grand Capitaine, car ainsi meurent ceux qui sont nobles. Et la triste femelle à son grand ennuy donnát lieu au cruel bourreau, auec de grands pleurs & gomissemens, qu'elle & sa compagnie faisoyent, ja le bon Licio se rendoit pour attendre la mort, & serrant pour tousjours ses jeux, pour ne la veoir point; car ja le bourreau, comme est coustume, luy auoit demandé pardon: Et luy s'approchant va tentant le lieu ou la partie, par où il deuoit ferir, pour plustost le laisser sans vie: Quand Lazare Thon auoit fendu la presse auec sa compagnie par le milieu des mauuais guerteurs, abbatant & tuant tous ceux qui
se

se presentoyent deuant luy auec son espee de Tolette, & arriua bien à poinct, auquel on doit croire que luy apporta Dieu, qui veut secourir aux bons en temps de plus de necessité. Donques arriuant au lieu que je di, & ayant veu le dur peril en quoy l'ami estoit, donna vn grand cri, come ceux qu'il souloit donner en Tolette, & deuant que le bourreau approchat à faire son deuoir, je luy di: Vilain coquin, retien, retien ton piloti, ou tu mouras par iceluy. Ma voix fut si espouuantable, & engendra si grád peur, que non seulement à l'Aueuglé, mais à tous les autres qui là estoyent, donna effroy; & n'est point à esmerueiller, car à la verité si telle voix eut sonnee à la bouche de l'enfer, elle eut fait tel horreur aux espouuantables Demons, qu'ils m'eussent rendus les ames tormentees. Le bourreau estonné de m'ouïr, & effrayé de veoir la tref-soudaine armee, qui en

ma

ma suite venoit, branslant mon espee d'vne part, & d'autre, pour luy faire plus de crainte, & luy donner matiere en quoy il occupast la veüe, m'attendit: mais aussi tost que j'arriuay me sembla d'asseurer le camp, & donnay au pescheur, qui le vouloit tuer, vn coup d'estoc par le test, dont il tomba incōtinent mort au costé de celuy, qui ne voyoit rien de cela, auquel, jaçoit qu'il fut vn courageux & robuste poisson, la tristesse & penser de se veoir si injustement & meschamment mourir, le tenoit à celle saison hors de son souuenir; & quand je le vey ainsi tenir debout, je pensay si pour mon mal-heur fut aduenu, deuant que j'arriuasse, que la crainte l'eut occis, & auec ce m'approchay hastiuement à luy, l'appellant par son nom; lors aux cris que je luy donnay leua vn peu la teste, & ouurit les jeux; dont aussi tost qu'il me veit & cogneut, comme s'il eut esté ressus-

K cité

cité de la mort, se leua, & sans regarder rien de ce qui passoit, s'en vint à moy, & je le receu auec la plus grande joye & gayeté que jamais ni depuis eu, en luy disant: Mon bon Seigneur, celuy qui vous a mis en tel estroict, ne vous doit point aimer côme moy. Ah mon bon ami, me respondit-il, combien m'auez vous payé le peu que me deuiez: plaise à Dieu qu'il me donne opportunité, pour vous payer le beaucoup, qu'au-jourd'huy vous m'auez fait vostre debteur. Il n'est pas temps, mon Seigneur, luy respondi-je, de ces offres, où autant vostre volôté de toutes parts abonde: mais entendons en ce qui conuient, puis que vous voyez ja ce qui se passe; Ie mi mon espee entre son col, & luy coupay vn bout de corde, auec quoy il estoit lié. Or quand il fut deslié, print vne espee d'vn de nostre compagnie, & allames à sa femelle, & Melo & les autres qui estoyét auec

auec luy, qui à celle heure eſtoyent eſtonnez & hors de ſoy, de veoir ce qu'ils voyoyent: mais retournez en ſoy, commencent à me donner graces de la bonne aduenture. Meſſieurs, leur di-je, vous l'auez fait vous autres cõme bons, quant à moy, je feray d'ici en auant, & tandis que j'auray vie, ce que je pourray en voſtre ſeruice & de Licio mon Seigneur; & pour-ce qu'il n'y a point de temps de dire mon faict, mais de faire quelque choſe, entédons en iceluy; & ſera que vous autres ſeigneurs ne vous eſloignez de nous, car vous venez deſarmez, à fin que ne receuiez pas dommage: & vous monſieur Melo prenez vne armee, & cent Thons de voſtre eſquadron auec leurs armes, & n'entédez à nulle autre choſe qu'à nous ſuiure, & regardez à voſtre belle ſœur & ces autres femelles-là, à fin que nous autres emportons ici les negoces & la victoire, & ayons ven-

K 2 gean-

geance de celuy, qui nous ha donné si grãde tristesse & trauail. Melo fit comme je luy priay, jaçoit que je cogneu de luy, qu'il s'eut bien voulu employer à plus grand peril, moy & le bon Licio nous eumes & nous mimes entre les nostres, qui alloyent si braues & executifs, que je pense qu'ils auoyent occis plus de trente mille Thons; Or quand ils nous veirét entr'eux, & cogneurent leur Capitaine, nul ne pourroit raconter la joye qu'ils sentirent. Là le bon Licio, faisant merueilles auec son espee & personne, monstroit aux ennemis la mauuaise volõté, qu'il auoit cogneu en eux, tuant & abbatãt à dextre & à senestre tous ceux qu'il trouuoit deuant soy. Mais à celle heure ils alloyent si mal en ordre & destruits, que nul d'eux entendoit à autre chose, sinon à fuir, & se cacher, & se mettre en ces maisons-là, sans faire defence aucune d'auantage de celle, q̃ les foi-

foibles brebis souloyent faire aux braues & meurtriers loups.

Comme rassemblent Lazare tous les Thons, entrerent en la maison du traistre Don Pauer, & là le tuerent.
Chapitre XII.

AYant veu cela, fimes sonner les trompettes, à fin que les nostres, qui alloyent espars, s'assemblassent; au son desquelles tous furent joints, & en eux se renouuella la trop grande joye, de veoir leur bon Capitaine vif & sain, & la victoire que de nos aduersaires auions eue: car ce sembla estre vn miracle, & pour tel on le doit tenir; car quasi tous ceux qui moururent, estoyét seruiteurs, & pain, & eaue du mauuais Don Pauer, ausquels il auoit donné la garde du bon Licio, pour la grande confiance qu'il auoit en eux: Et eux tous desiroyent d'auoir fait à luy, ce q̃ nous autres fimes en eux: chose qui ad-

aduient fort souuent, que quand le maistre est mal, les seruiteurs procurét de l'estre auec luy: & au côtraire quád le seigneur est misericordieux, humain, & bon, les seruiteurs le procurent imiter, d'estre bons, & vertueux, & amis de justice & paix: Sás lesquelles deux choses ne se peut le monde sustenter. Donques tournant à nostre negoce, voyans que n'auions pas auec qui combatre; Le bon Licio & tous à hautes voix me demanderét, qu'il me sembloit qu'on deuoit faire, que tous estoyent prests à suiure mon conseil & aduis; d'autant que je deuoy estre le plus sage. Puis que vous voulez ma voix, valeureux seigneurs & efforcez amis & compagnons, leur respódi-je, il me semble, puis que Dieu nous ha gardé du principal, aussi fera-il en l'accessoire, specialement que je croy qu'il nous ha baillé ceste victoire & bonne rencontre, pour-ce que nous soyons

mi-

ministres de justice, puis que nous sçauons qu'aux meschans il porte haine & les chastie. Ce ne seroit pas juste que le plus grand d'eux, qui ha causé autāt de morts, demeurat en vie, puis que nous sçauons qu'il l'employera en meschancetez & trahisons: pourtant, Monsieur, s'il vous semble bon, allons à luy, & faisons en luy ce qu'il voulut faire en vous: Car tousjours j'oüi dire des ennemis les moindres, que beaucoup de grands faicts se sont perdus, ensemble auec les faiseurs d'iceux, pource qu'ils ne leur sçauoyent donner bonne fin: S'il n'est point ainsi, qu'on le demande au grand Pompee, & à beaucoup d'autres, qui ont fait cōme luy, mais on ne trouue pas tousjours l'occasion de ce faire: Et comme nous sommes deliurez par ce qui est fait, ainsi nous nous deliurerons par ce qui est à faire. Tous à hautes voix dirent que c'estoit fort bié aduisé, & que

de-

deuant qu'il s'eschappat donnassions sur luy. Auec ceste determination, auec fort bonne ordonnance, & auec toute celerité arriuantes au logis du traistre, auquel à celle heure estoyent apportees les tristes nouuelles de la deliurance de nostre grand Capitaine, & de la grande tuerie des siens. A celle saison luy deuoit doubler la tristesse, quand ils luy vindrent à dire, comme ils auoyent assiegee sa maison, & tuoyent tous ceux qui se defendoyent, & la cruelle & espouuantable & non jamais ouïe maniere de nostre combat: il estoit de soy coüard, & est Dieu resmoing, que je ne nous exalte pas, ni le di pour luy vouloir mal: mais d'autát qu'ainsi je le vey & cogneu, & quand il veit cela, il se deuoit encoüarder d'auantage, car és pusillanimes il aduient souuent ainsi, & le contraire és courageux. Et ainsi il se donna si mauuaise regle, qu'il n'entendit pas ni à se sauuer

ni à

ni à se defendre; car la maison estant fermee, Licio deuant & moy à son costé, y entra nes dedans auec assez peu de resistence, où le trouuames quasi tát mort comme le laissames; auec tout ce voulut jusques à sa fin vser de son office, non pas de capitaine, mais de traistre dissimulé: car quand il nous veit ainsi venir vers luy, auec vne petite voix & faux soubris, faisant du joyeux, il nous dit: Bons amis quelle bonne venue est celle-ci? Ennemi, luy respondit Licio, pour te donner le payement de ton trauail; & côme celuy qui auoit deuant les yeux la grande hôte & peril, en quoy il luy auoit mis, ne se soucia auec luy de plus de poroles, sinon se joindre à luy, & luy mettre l'espee trois ou quatre fois par le corps; Ie ne luy voulu point aider, ni consentir qu'aucun le fit, d'autant qu'il n'en auoit point de necessité, & aussi pource qu'il conuenoit qu'on fit ainsi à
l'hon-

l'honneur de Licio ; de maniere que contemptiblement & coüardement finit le traistre don Pauer, comme luy & ceux de ses coustumes souloyêt. Nous sortimes de sa maison, sans consentir qu'on y fit aucun dommage, jaçoit qu'assez des nostres desiroyent de la piller, en laquelle y auoit bien à quoy s'attacher; car jaçoit que mauuais, si ne fut-il pas sot, ni pas si fidele cōme lon conte de Scipion, qu'estant accusé par autres non tels comme luy, d'auoir eu de grandes richesses de la guerre d'Afrique, monstrant en son corps beaucoup de blessures, jura à ses dieux ne luy estre demeuré autres gains des dites guerres; lesquelles blessures ni jurement n'eut peu monstrer ni faire le meschant de nostre aduersaire: car il emportoit tous-jours en la guerre la plus grande part & le meilleur de ce qu'ō gaignoit en elle; & auec le moins s'en alloit au Roy; & ainsi estoit fort
ri-

riche, & auoit fort faine & entiere la peau, car je pense bien que jusques au jour qu'il mourut ils ne la luy auoyent point rompue, d'autãt qu'il se gardoit de se trouuer ès batailles en lieu de peril, sinon à veoir de loing en quoy s'arrestoit la chose, à maniere de fort sage Capitaine. Et commanday que lon ne touchat en chose aucune, à fin qu'on ne pensat de nous conuoitise, mais à ce qu'ils veissent que de ses maux & non pas des biés le voulumes despouller. A celle heure tous les Thons qui estoyent en la cour, & les autres poissons qui en elle se trouuerent naturels & estrangiers, recoururent au palais: le retour fut si grand, & le bruict & cris si espouuantable, que le Roy en son retraict l'ouit, & demandãt la cause, luy dirẽt tout le passé: de quoy il s'espouuanta & s'altera en grande maniere, & cóme sage aduisa; Que Dieu te garde de pierre & dard, & de Thõ audacieux.

si determina pour alors de ne sortir point au bruict, & de mesme cõmanda que nulluy ne sortit du palais : mais qu'ils s'y fissent forts, jusques à veoir l'intencion de Licio. Et ainsi sçay-je qu'il y auoyent bien au royal palais & deuant d'iceluy plus de cinq cens mille Thons, sans beaucoup d'autres genres de poissons, qui en la court à ses negoces assistoyent : mais à mon semblant, si la chose eut deu passer auant, je pense qu'ils eussent eu si peu de defence cõme les autres: mais Dieu nous en garde; Car ta Loy & ton Roy garderas. Ils nous laisserent seuls en la ville, & tous abandonnerent leurs maisons & biens, ne se tenant en elles pour seurs, & ceux qui ne s'en alloyent point au royal palais, sailloyẽt fuyãt au champ & lieux separez ; par maniere qu'on pourra dire: D'vn mal dependẽt cent. d'autant que par ce mal souffrirent & furent morts & effrayez plusieurs, qui par adpar aduenture n'en auoyent point de coulpe. Nous fimes crier que nul des nostres ne fut si hardi d'entrer en aucune maison, ni prendre vne coquille qui fut à autruy, sur peine de mort, & ainsi fut fait.

Comme estant passé le tumulte du Capitaine Licio, Lazare auec ses Thons entrerent en leur conseil, pour veoir ce qu'ils feroyent, & comme ils envoyerent leur ambassade au Roy des Thons.

Chapitre XLII.

Cela estant passé, entrames en nostre conseil, pour veoir ce q̃ nous ferions, aucuns y eut qui dirẽt qu'il seroit bon de nous retourner à nostre logis, & nous faire forts en iceluy, ou cõtracter amitie & confederation auec ceux-là seuls, qu'à present nous auions pour ennemis, lesquels, & nous voyans courroucez, & voyans nostre grand pouuoir, s'esjoüiroyẽt de nôtre amitie

K 7

& nous donneroyent faueur: Le sembler du bon & tres-loyal Licio ne fut pas cestuy-ci, disant: Que si cela se fit, que nous ferions vray l'inimitie & & mensonge de nostre ennemi, nous faisant fugitifs, & delaissāt nostre Roy & païs: mais que c'estoit mieux de le faire sçauoir au Roy nostre Sire. Et que si sa Magesté fut bien informé de la grande cause qu'il y eut pour ce qui est fait, principalement celle derniere & plus perilleuse trahisō du traistre estre contre la volonté & mandement de sa Magesté, d'autātque voulant surseoir le negoce, comme sa Magesté enuoyoit à commander auec le portier au Iuge, il vsa de tel mandement à fin que sa meschanceté, & non pas le vouloir du Roy son Seigneur, fut accompli: Et que consideré cela par sa Magesté, & que ce qui est fait n'auoit pas esté irreuerence ni outrecuidance à sa royale couronne, sinon

ser-

seruice deu à sa justice, se contenteroit. Auec cest aduis nous confirmames les plus sages. Puis en ce conseil deliberames de l'enuoyer auec celuy qui le sceut biē dire; & eumes diuers semblans, par qui cela se deuoit faire: car les vns disoyēt que tous allassent, & le suppliassent qu'il se presentat à vne fenestre pour ouïr; autres dirent que ce sembloit irreuerence, & que c'estoit mieux aller dix ou douze de nous; autres dirent que côme il estoit courroucé, qu'il ne s'appaisat pas pour eux. De maniere que nous estions en la doute des rats; quand leur semblât estre bon que le chat portat au col vne clochette, ils contendoyēt sur qui la luy iroit attacher. A la fin la sage Capitaine donna meilleur conseil, & dist à son mari, que, s'il luy plaisoit, elle seule auec dix damoiselles se vouloit aduenturer à faire ceste embassade, & leur sembloit qu'elle asseu-

re-

reroit le negoce; l'vn pour-ce q̄ contre elle & ses foibles seruātes le pouuoir royal ne se deuoit pas monstrer, l'autre pour-ce qu'elle, pour deliurer son mari de mort, auoit moins de coulpe que tous; & d'auantage pource qu'elle pensoit de le sçauoir si bien dire, que plustost l'appaisat que indignat. A nostre Capitaine ce sembla bon, & à nous tous point mauuais. Et elle separant auec soy la belle Lune, car ainsi s'appelloit la belle Thonnine sa sœur, de qui nous auons ja dit, & auec elles autres neuf, les meilleures de museaux, & fort biē disposées, s'en alla au palais, & arriuant aux gardes, elles leur dirent qu'ils fissent sçauoir au Roy cōme la femme de bicio son Capitaine luy vouloit parler, & q̄ sa Magesté donnat lieu à cela, d'autant qu'il conuenoit beaucoup à son royal seruice, pour euiter scandales, & pacifier sa cour & royaume, & q̄ par nulle
voye

roye il ne la laiſſat d'ouïr, & que s'il le fit, feroit juſtice: car elle & ſon mari, & ceux qui eſtoyent auec luy, le requeroyent, & vouloyent que fut bien chaſtié celuy qui fut coulpable: & que ſi ſa Mageſté ne la vouloit point ouïr, que dés là ſon mari Licio appelloit Dieu pour teſmoing d'innocence & loyauté, à fin qu'en nul temps ne fut jugé pour deſloyal. Et de tout cela, & le reſte qu'auoit à dire & faire la Dame capitaine, alloit bien informee, & en outre elle ſcauoit fort bien parler. Or eſtât paruenuë au Roy ceſte nouuelle, jaçoit qu'il eſtoit fort courroucé, commanda qu'ils leur donnaſſent lieu, & entrat ſeure. Et eſtant poſee deuant luy, faiſant la reuerence, auât qu'elle cômençat ſon propos, le Roy leur diſt: Te ſemble-il, Dame, qu'il y ha failli à voſtre mari bonne œuure d'entre les aîles? Sire, dit-elle, plaiſe à voſtre Mageſté de m'ouïr juſques à
don-

donner fin à mon parler, & qu'apres commande ce qu'il luy plaira, & s'accomplira tout ce qui sera commandé par voſtre Mageſté, ſans delaiſſer vn poinct. Le Roy diſt qu'elle parlaſt, jaçoit que temps de plus de repos luy eſtoit neceſſaire pour l'ouïr. La discrete Dame prudenment & fort attentiuement, en preſence de pluſieurs grands, qui auec luy eſtoyent, leſquels à celle ſaiſon deuoyent eſtre bien petits, commençant du commencemēt, fort largement donna conte au Roy de tout ce que nous auons declaré, racontant & affirmant eſtre ainſi vray; & ſi vn poinct ſeulement, de tout ce qu'elle diſoit, ne fut pas trouué vray, que d'elle fut faire juſtice cruelle, cōme d'inuentrice de fauſeté deuant la preſence royale; & que pareillement Licio ſon mari & ſes valideurs fuſſēt ſans dilation juſticiez. Le Roy leur reſpondit: Dame je ſuis à preſent ſi

alte-

alteré & porturbé de veoir & ouïr ce qui s'est fait, que pour ceste heure ne te responds autre chose, sinon q̃ vous vous en retournez à voſtre mari, & luy direz: S'il luy ſemble eſtre bon, qu'il loue le ſiege qu'il tient ſur moy, & laiſſe aux citoyens de ceſte ville leurs maiſons & habitations: & demain vous retournerez ici, & l'on donera charge du negoce à ceux de mon conſcil, & ſe fera ce qui ſera de juſtice. La Dame Capitaine, jaçoit que de ceſte reſponſe elle n'apportoit point de memorial, ſi ne luy demeura pas en l'encrier la bonne & conuenante reſponſe, & dit au Roy: Sire, mon mari ni ceux qui viennent auec luy ne tiennent point de ſiege ſur voſtre royale perſonne, & de meſme ni luy ni aucun de ſa compagnie n'a entré en maiſon quelconque, ſinon en celle de Don Paper. Et par ainſi les citoyẽs & habitãs d'ici ne ſe plaindrõt point

auec

auec raiſon, qu'en ſes maiſons ils leur ont fait moins d'vne touche, & s'ils ſont en la ville, c'eſt pour attendre ce que voſtre Mageſté leur cōmande de faire, & pour cela eſt ma venuë. Et ne vueille Dieu qu'en Licio, ni en ceux qui viennent auec luy, ait autre penſement, car tous ſont bons & loyaux. Dame, dist le Roy, pour maintenant il n'y a plus à reſpondre. Lors elle & ſes damoiſelles, faiſant la deuë courtoiſie, auec gentile contenance & repos, ſe retourna vers nous, & ſcachās la volonté du Roy, à l'heure ſaillimes de la ville, auec fort bōne ordonnāce, & nous mimes en la foreſt, mais non pas grammēt morts de faim, car nous donnames en nos ennemis morts, & encore commandames aux deſarmez d'apporter victuailles, pour les noſtres trois ou quatre jours; de ſorte qu'il y demeura autant, que toute la ville & cour eut aſſouuiſſement; mais
c'e-

c'estoit grieuement peché, qu'ils ne priassent pas à Dieu, que chasque huict jours il jettast là vne autre tolle nuee, gardant celuy qui prioit. Or la ville estant despestree des nostres, les habitans d'icelle se retournerent chascun en son logis, lesquels ils trouuerent comme ils les auoyent laissez; & le Roy cõmanda qu'ils luy apportassent ce qu'ils trouueroyẽt au logis du grãd Capitaine mort, & fut autãt & si bon, qu'il n'y auoit point de Roy en la mer, qui plus & meilleures choses auoit; ce qui fut assez grande occasion, que le Roy donnat credit à ses meschancetez, d'autãt qu'à luy sembloit qu'il ne pouuoit auoir ce qui se trouua en sa maison auec juste titre, sans l'auoir acquis malemẽt, & cauteleusement, & en le defrobbant. Apres de cela entra en son cõseil, & quoy qu'il en soit, que où il y a des mauuais, cõmunemẽt l'on y trouue quelq; bon, ils
luy

luy deûrent dire, que si c'estoit ainsi comme la partie de Licio disoit, il n'auoit pas esté fort coulpable en son faict, principalement veu que sa Mageste auoit commãdé qu'ils ne fissent de luy au present justice, jusques à ce d'estre bien informé de sa coulpe, ensemble auec cela le portier, qui porta le mandement, declara la cautele que le cauteleux auoit vsé auec luy: Et comme il le mit en son logis, & le deceut, disant que les juges estoyent là, & comme il ne les laissa pas sortir d'iceluy, & la diligence qu'il y fit. Et les juges dirent deuant le Roy, comme estoit vray que le Capitaine general leur auoit enuoyé dire, que sa Magesté leur commandoit qu'incontinent à celle heure fissent la justice, & pour donner en cela plus de brieueté, ne l'emmenerent pas (comme lon souloit faire) par les ruës accoustumees, & qu'eux, croyans q̃ cela fut le commanmandemēt de sa Magesté, luy auoyēt cōmādé decoller. Par maniere que le Roy cogneut la grande coulpe de son Capitaine, & fut tombāt en la raison, & d'autāt que plus il y en regardoit, plus se manifestoit la verité.

Comme la Dame Capitaine retourna autre fois au Roy, & de la bonne response qu'elle en apporta; & comme Licio fut fait Capitaine general.

Chapitre XIHI.

Ainsi nous fumes ce jour & la nuit en la forest pas fort à repos; & l'autre jour la Dame Capitaine auec sa compagnie retournoit au palais, & pour euiter prolixité, le Roy nostre Sire estoit ja assez plus descourroucé & appaisé, & la receut tres-bien, en leur disant: Bonne Dame, si tous mes vassaux eussent tant de prudentes & sages femelles, par aduenture en leurs biens & honneur augmenteroyent, &

& je me tiendroye pour bien allant: Ie di cela pour-ce qu'en verité, voyāt vostre prudēce & sages raisons, vous auez appaisé mon courroux, & deliuré vostre mari & ses sequelles de mō ire & disgrace; & d'autant que depuis hier en ça je suis mieux informé que j'estoye, dites luy que sur ma parole vienne à ceste cour seur luy & toute sa compagnie & amis; & à fin d'euiter scandales, pour le present je luy commande qu'il tiēne son logis pour prison, jusques à ce que je commande autre chose; & vous visirez nous souuent, car je m'esjoüi beaucoup de veoir & oüir vostre bō accord & raisonnement. La Dame capitaine luy baisa la queüe, le remerciant de si amples & grandes graces, comme fort bien elle sceut; & ainsi se retourna vers nous auec fort joyeuse response, jaçoit qu'il sembla à aucuns que ne le deuions pas faire, disant estre fait

cau-

cauteleusement pour nous destruire. A la fin comme loyaux deliberames d'accomplir le cōmandement de nostre Roy, & arrestant sur vn gage, qui estoyent nos bouches, ès quelles nous confiames quand nostre loyaulté ne nous vālut point. Incontinent nous remuames vers la ville, & y entrames accompagnez de beaucoup d'amis, qui alors se monstroyēt à nous, voyās nostre cas estre bien filé: Et deuant cela ne s'osoyent declarer pour tels, conforme au dire du vieux sage, qui dit ainsi: Quand fortune tourne, enuoyant quelques aduersitez, espouuante les amis qui sont fugitifs; mais l'aduersité declare qui aime ou qui non. Nous allames sejourner à vn bout de la ville, le plus despeuplé & sans empeschemēt que trouuames, où estoyent assez de maisons sans habitans, de ceux que nous fimes sans vie, là logeames le plus congregé que

L

peumes, & commandames que nul de noſtre armée ne ſaillit à la ville, à fin de ſembler que lon faiſoit parfaitement ce que ſa Mageſté commandoit. Ce temps pendant la Dame Capitaine viſitoit chaſque jour le Roy, auec laquelle il print grande amitié, plus que je n'euſſe voulu; jaçoit que tout, ſelon qu'il ſembla, fut eaüe pure; payât la belle Lune auec ſon ſang innocent, gentil, & non touché d'aucun corps: Car comme elle alloit auec ſa ſœur à celles ſtations, (& côme lon ſouloit dire, De telles peregrinations telles enſeignes) le Roy ſe paya ſi bien d'elle, qu'il procura auec ſa volonté d'auoir ſon amour; & bien croy-je que la belle Lune ne le fit pas auec conſeil & conſentement de ſa ſœur; & ainſi en fut cognoiſſant le bô Licio; car il me le declara quaſi, en me demandant mon aduis; je luy di qu'il me ſêbloit n'eſtre point grâde erreur,

prin-

principalement que ce seroit grande
partie & le tout de nostre deliurance.
Et ainsi aduint que la Dame Lune fut
si fort priuee auec sa Magesté, & il fut
si bien payé d'elle, qu'au huityesme
jour de son royal adjoignement demanda ce qu'elle desiroit de luy, &
nous fit à tous pardon. Le Roy esleua
la prison à son beau frere, & commanda que tous allassions au palais. Litio
baisa la queüe du Roy, & il la luy donna de bonne volonté; & je fey le mesme, jaçoit que de mauuaise volonté
en tant qu'hôme, pour-ce que le baiser fut en tel lieu. Et le Roy no⁹ dist
Capitaine, j'ay esté informé de vostre
loyauté, & de la peine de vostre contraire; pour tant dès huy je vous pardonne, & à tous ceux de vostre compagnie, amis & assistás, qui au cas passé vous donnerent faueur & aide, &
à fin que d'ici en auant vous assistez
en nostre cour, à tous je fay present

L 2　　　　　　　des

des maiſons & de ce qui eſt en elles, de ceux qui Dieu permit qu'ils les perdiſſent, & la vie quant & quant ; & te fay offre du meſme office qu'auoit noſtre Capitaine general; & d'huy en outre l'exercés & en vſés, comme je ſcay que vous ſcaurez bien faire. Nous nous humiliames deuant luy, & Licio luy baiſa derechef la queüe, en luy rendant de grādes loüanges pour ſi grands bienfaicts, diſant qu'il confioit en Dieu, qu'il luy feroit auec la charge de tels & ſi loyaux ſeruices, que ſa Mageſté auroit pour aggreable de les luy auoir faits.

Comme Lazare fit vne Monſtre en la mer auec les Thons en la preſence du Roy, dont il s'eſmerueilloit fort.
Chapitre XV.

CE jour-là fut le Roy noſtre Sire informé du poure Lazare Thō, jaçoit qu'à celle ſaiſon j'eſtoye ſi riche ché & joyeux, de veoir qu'ils estoyét amis, qu'il me semble n'auoir jamais eu de telle joye. Le Roy me demanda beaucoup de choses, & en ce des armes, comme j'auoye trouué l'inuention d'elles, & à tout je luy respondi le mieux que je sceu. Finalement il s'esjoüit, & demãda côtre quel nombre de poissons je penseroye combatre auec les armez que nous amenames. Ie luy respondi: Sire, ostée la baleine, j'oseray attenter côtre toute la mer ensemble, & penseray bien les endommager. Il s'en espouuanta, & me dist, qu'il s'esjoüiroit si nous fissions vne monstre deuant luy, pour veoir la maniere que nous tenions au combatre. Lors fut ordonné que le jour ensuiuant il se feroit, & que luy sortiroit au camp pour les veoir. Et ainsi fut que Licio nostre General, & moy, & les autres sortimes auec tous les armez de nostre compagnie, &

or-

ordonnay ce jour-là vne bonne inuention, encor qu'ici ja les soldats la practiquent; Ie les fey mettre en ordonnance, & ainsi nous passames deuant sa Magesté, & fimes nostre limaçon; & jaçoit que le Coronel Villalua & ses contemporains le deuoyét faire mieux, & auec meilleur accord, au moins pour la mer; & d'autant qu'ils n'auoyent pas veu estre ordonnez des esquadrons, il sembla à ceux qui les voyoyent chose merueilleuse; apres fey vn esquadron de toute la gent, mettant les meilleurs & plus armez és premiers rangs; & induï Melo, qu'auec tous les desarmez, & auec autres trente mille Thons sortissent à escarmoucher auec nous, lesquels n° enuironnerét de toutes parts; & nous autres fort bien en ordre, & nostre esquadron bien serré, commençames à nous defendre & leur ferir & offédre de maniere q̃ toute la mer n'eut
point

point suffi à nous receuoir & entrer. Le Roy veit que j'auoy dit verité, & que par ainsi nous ne pouuions estre offencez, & appella à Licio, & luy dit: D'vne merueilleuse maniere se donne cestuy vostre ami aux armes, car il me semble que ceste maniere de combatre est pour seigneurier toute la mer. Scache vostre Magesté qu'il est ainsi, luy dist le Capitaine general; & quant à la bône industrie du Thon estrangieur mon bon ami, je ne puis croire, sinon que Dieu vient, & qu'il l'ha enuoyé ici en ces parties, pour grand prouffit & à l'hôneur de vostre Magesté, & augmentation de ses royaumes & terres, croye vostre Grandesse, que le moins qu'il y a en luy est cela; car les conditions qu'il ha sont autant & de si excellentes, que nul ne suffit à les dire; il est le plus prudent & sage Thon qu'il y a en la mer, vertueux & honorable; & le Thon de plus de verité & fidelité, le plus gracieux & de bonnes manieres, dont jamais i'ay ouï dire, finalement il n'ha chose en soy à rejetter en mal: & vostre Majesté ne pense pas, que la bonne affection que je luy porte me fait dire cela, sinon la grãde verité qu'en ce disant je prononce. Pour vray beaucoup doit à Dieu, dit le Roy, vn Thō qui ainsi auec luy partist ses dons; & puis que vous me dires estre tel, c'est raison que nous luy facions honneur, puis qu'il est venu à nostre cour; sçachez de luy s'il veut demeurer auec nous, & le luy priez instamment de vostre part & de la mienne, que pourra estre il ne se repentira pas de nostre compagnie.

Comme Lazare s'assit auec le Roy, & comme il fut fort son privé, & aussi comme il fit punir les coulpables.

Cha-

Chapitre XVI.

PAssé cela, le General print charge de me le dire, & le Roy se retourna fort bien conténta la ville, & nous autres aussi; en apres le Capitaine me parla, disant ce qu'il auoit passé auec le Roy, & comme il desiroit que je le seruisse, & tout le reste: Finalement je fu prié, & fort à mon honneur fey mõ assiette. Or voyez ici vostre Crieur, vous Vinotiers, tout autant qu'il y en auoir en Tolette, fait le plus grand de la maison royale, me donnant charge du gouuernement d'icelle, & vous va dire des plaisanteries. Je rendi graces à Dieu, pource que mes choses alloyent de bien en mieux, & procuray de seruir à mon Roy auec toute diligence, & en peu de jours l'estoy-je quasi; car nul negoce, de beaucoup ou de peu de consequence, se despeschoit, sinon par ma main, & comme je vouloy. Auec

L 5 tout

tout cela ne laissay pas sans chastiement ceux qui le meritoyent, & par mes finesses je sceu, côme & de quelle maniere la sentence de Licio auoit esté donnee si injustement, jaçoit qu'à present le Roy auoit mis silence au cas, d'autant que le Capitaine estoit vn poisson de qualité & fort emparenté. Dés q̃ me vey en haut, je presumay de sonner les cloches, & di au Roy, que celuy-là auoit esté vn cas laid & vilain, & point digne d'estre dissimulé; car c'estoit ouurir porte à l'injustice: pour tant qu'il conuenoit à son office, que ceux qui en eussent coulpe fussent chastiez. Sa Magesté le commit à moy, côme tout le reste: & je les chastiay de telle sorte, que je fey empoigner tous les faussaires, qui estoyent fort mal-soigneux; & estans mis à question de torment, confesserent d'auoir juré faussement en dicts & condemnation qu'au bon Licio
fut

fut fait: En leur demãdant pourquoy ils le firent, ou que leur dõna le mauuais Capitaine general pour ce faire. Ils respondirent: Qu'il ne leur auoit rien donné ni promis, ni estoyent ses amis ni seruiteurs. O pecheurs sans ames, ô litigans, & hommes qui vous plaignez que vostre contraire fait mauuaise preuue auec nõbre de faux tesmoings, qu'il ha amassez pour ses necessitez, venez, venez à la mer, & verrez le peu de raison qu'auez de vous plaindre en la terre: car si celuy-là vostre aduersaire preseta faux tesmoings, & leur donna quelque chose pour cela, ou le promit; & estans par deuant ses amis, pour lesquels vn autre jour il en fit autant: Mais ces infideles poissons, ni promesse, ni guerdõ, ni amitie le leur fit faire; & pource sont plus à coulper, & dignes de grande punition, & ainsi furent pendus. Ie sceu d'auantage q̃ le Greffier, deuant qui passoit la cause, nul escrit qui de la part de Licio se presenta, ni acte que fissent en sa defence, admettoit ni vouloit receuoir. O impudéce! di-je, & comme se souffroit en la terre; pour certain ja que l'escriuain eut esté fauorable, & eut fait le reste honnestement, prenant les escritures, & qu'apres ne les eut mis au proces; ains les eut fait perdre? Mais cest autre faict est le diable, & pareillement se fit de luy justice. L'on sceut aussi côme ne fut eaüe monde la grâde brieueté qu'il y eut en le sentenciát; & je coulpay beaucoup aux ministres, en leur disant: Vn proces de deux pailles vous ne le determinerez point en vn an, ni en dix, ni en vingt aussi: mais la vie & honneur d'vn noble poissõ vous desfaites en vne heure. Ils me donnerent je ne scay quelles excuses, lesquelles ne les excuserent de peine, sinon que le Roy commanmanda expressement que je dissimulasse auec eux en ce qui touchoit au royal office: & ainsi le fey, mais je sentoy bien que j'auoy allé par le milieu d'eux, & du mauuais General le genereux & gracieux bras, qui est celuy qui souloit baisser les mons, & esleuer les vallees, & où cela entre, tout est corrompu: Pour laquelle cause le Roy de Perse donna vn cruel chastiement à vn mauuais juge, en le luy faisant boire, & ayant tenduë la jambe au siege judicial, fit seoir en iceluy à vn fils du mauuais juge, & ainsi le Roy barbare pourueit d'vne merueilleuse & nouuelle forme, que nul juge de là en auant ne fut corrompu. A ce propos disoit vn autre, qu'où affection regne, la raison n'y est point entenduë: Et que le bon Legiste peut commettre peu de choses aux juges, mais les determiner par loix: d'autant que les juges plusieurs fois sont

per-

peruertis, ou par amour, ou par haine, ou par dons; par quoy ils sont induits à donner fort injustes sentences; & pour-tant dit l'Escriture: Iuge ne prennes point de dons, qui aueuglét les prudens, & tournent au rebours les paroles des justes. Ceci j'apprin de celuy mon bon aueugle, & tout le reste que je scay ès loix; car certes il scauoit (selon qu'il disoit) plus que Bartholus & que Seneque en doctrine. Mais pour faire ce que j'ay dit que le Roy me commanda, je passay par cela assez à mon ennuy.

Comme le Capitaine general Licio auec son frere Melo & leur armee alloyent guerroyer contre les Brochets, Estourgeons, & Crocodriles, & beaucoup d'autres sortes de poissons; & comme en fin Melo y mourut; & de la maniere de dueil que ces poissons-là meinent quand il y a aucun mort.

Cha-

Chapitre XVII.

EN tant que ceci passoit, le General (par commandement du Roy) estoit allé auec grande armee à faire guerre aux Brochets, lesquels bien tost il surmonta, mettant leur Roy en la subjection d'eux, & demeura obligé à luy donner par chacun an de larges tributs, entre lesquels ils donnoyent cent Brochets vierges, & cent autres Brochets, lesquels, pour-ce qu'ils estoyent de fort bon goust, le Roy mangeoit, & les Brochets vierges tenoit pour son passetemps. En apres nostre grand Capitaine alla sur les Estourgeos, & les vainquit, & mit sous nostre pouuoir. Creust tant le nombre des armez & puissace de nostre camp, que nous auions subjects plusieurs genres de poissons, lesquels tous contribuoyent & donnoyet des tailles (côme nous auons dit) à nostre Roy. Nostre grand Capitaine, non con-

content des victoires passees, s'arma contre les Crocodriles, qui sont quelques poissons tref-fiers, & viuent par temps en terre, & par tems en l'eaue; & eut auec eux beaucoup de batailles rangees, & jaçoit qu'il perdit aucunes, de la plus part s'en sortit-il auec victoire; & ce n'estoit point de merueille d'en perdre aucunes, car (comme je di) ces animaux sont fort cruels, & grands de corps, ils ont des dens & mascheliers, auec lesquels ils deschirent tout autant que leur viennẽt au deuant; & non obstant toute leur ferocité, les nostres les eussẽt plusieurs fois desconfits, mais quand ils se voyoyent des nostres fort pressez, laissoyent l'eaue, & s'en alloyent en terre, & ainsi eschappoyent; dont à la fin le bon Licio les laissa, ayant fait d'eux grande tuerie: & luy mesmement en receut grand dõmage, & y perdit le bon Melo son frere, qui fut pour l'armee

mee assez de tristesse; mais d'autant
qu'il mourut comme bon soldat, ce
nous fut confort: car il se verifia, que,
deuant qu'il mourut, il tua auec sa
bonne espee (de laquelle il estoit fort
adextre) plus de mille Crocodriles;
& encore ils ne l'eussent point tué,
sinon qu'allant eux fuyant à terre, &
luy apres eux en la poursuite, ne regardant le peril donna en terre, & là
s'endurcit; & comme les siens ne luy
peurent secourir, les ennemis le mirent en pieces. Finalement le bon
Licio vint de la guerre le plus estimé poisson qu'y auoit vescu en l'eaue
de la mer ces dix ans, apportant de
grandes richesses & despoulles, a-
uec lesquelles entierement il recou-
rut au Roy, sans prendre pour soy
chose quelconque. Sa Magesté luy receut auec tel amour qu'il estoit conuenable à poisson qui tant luy auoit
serui & honoré, & partit auec luy fort

li-

liberalement, il fit des bienfaicts fort amples à ceux qui l'auoyēt suiui, par maniere que tous demeurerent contens & payez. Le Roy, pour mōstrer faueur à Licio, mena dueil pour Melo, & le porta huit jours, & nous tous le portames. Et à fin que vostre Seigneurie sçache le dueil, qui se fait entre ces animaux quand ils ont tristesse, qu'en signe de dueil & de passion ils ne parlent point, sinon que par niquets ils demandent ce qu'ils veulent auoir. Et icelle est la maniere qui se tient entr'eux quād il y meurt le mari, la femme ou fils, ou principale personne valeureuse, & se garde si estroitement celle coustume, que lon estimoit pour grand deshonneur, voire le plus grād de la mer, si portāt dueil ils parlassent, jusques à tant q̄ le Roy enuoyat dire au passionné, qu'il luy commandoit de laisser le dueil, & alors ils parlent cōme par deuant. Ie
sçeu-

sceu entr'eux que pour la mort d'vne Dame, qu'vn Baron tenoit pour amie, il mit dueil en sa terre qui dura dix ans, & le Roy ne fut pas suffisant à le luy faire delaisser, car toutes les fois qu'il luy enuoyoit dire qu'il l'ostat, il luy enuoyoit à supplier qu'il le comandat tuer, mais que l'oster estoit trop grief pour luy. Et me racontèrent autre chose, de quoy je rioy fort: que voyant les siens si grande silence, les vns à vn mois, autres à vn an, autres à deux, chacun selon qu'il auoit le desir de parler, fuirent tous, qu'il ne luy demeura pas vn Thon; & auec cela luy dura tant le dueil: car jaçoit qu'il l'eut voulu oster, il n'auoit pas auec qui. Quand ils me racontoyent cela, je passoy par la memoire quelques hõmes parleurs, que je cognoissoy au mõde, qui ne serroyent jamais la bouche, ni laissoyẽt parler personne qui fut auec eux, sinon vn conte a-
che-

cheué, & autre commencé, & assez de
fois, à fin qu'ils ne leur prinsent la
main, les laissoyent à demi, & tournoyent
à autre, & jusques à ce que vint la
nuict, qui les departit comme bataille,
car autrement vous n'eussiez point de
crainte qu'ils acheuassent, & le pire,
que ceux-là ne voyent point combien
grandement ils sont molestes à Dieu
& au monde, & encore aussi je pense
qu'au diable; car de la part d'estre sage
il fuiroit de ces fols, d'autant que chacun
semblable cherche son semblable.
Dieu vueille que je les voye vassaux
de ces Barons, & que leur amie meure,
à fin que je me venge d'eux.

*Comme le Roy & Licio determinerent de
marier Lazare auec la belle Lune, & se
fit le mariage.*
Chapitre XVIII.

DOnques tournát à nostre negoce,
& estant passé le dueil & tristes-

steffe, que nous eumes tous pour la mort de Melo, le Roy cōmanda qu'auec grande diligence l'on entédit à refaire le nombre des armez, & chercher armes, où ils se trouuassent; & ainsi se fit. En ce temps-là il sembla à sa Magesté d'estre bon de me marier, & le communica auec le bon Licio, auquel il donna la charge du negoce; & s'eut bien voulu exemter de cela, selon que je sceu de luy; mais pour complaire au Roy il n'osa point faire autre chose: Et me le dist auec quelque vergoigne, disant: Qu'il voyoit bien que je meritoy plus d'hōneur, selon le mié tref-grād, mais que le Roy luy auoit commandé expressement que luy fut conducteur de ce mariage. Finalement ils me donnent nō point si belle ni si entiere Luna pour mienne. En heur m'aduienne, (di-je à par moy) mais pour joüeur de pelote elle ne vaudroit point vn festu, puis que, maudit le vol, je ne l'acquis sinon

sinon de second bond, & encore plaise à Dieu que ce ne soit point de plus: mais auec tout cela j'aspiroy à monter, à sçauoir est, de Gentil-homme sauter à estre Roy. A la fin je le fey, & mes nopces furent faites auec si grādes festes, comme si elles eussent esté faites à vn Prince, auec vne vice-conté, que le Roy me bailla auec elle, lequel si j'eusse eu en terre, m'eut valu assez plus qu'en la mer: en fin de l'extreme Thon j'esleuay mon nom à sa Seigneurie à desplaisir des vens d'Aual. De ceste maniere estoit ma Seigneurie triomphant la vie, & auec ma bonne & nouuelle Lune fort biē marié, & beaucoup mieux auec mō Roy, & ne m'oubliant point de son seruice, pensant tous-jours comme je luy donneroy plaisir & prouffit, puis que je luy deuoy autant; & pour-ce je ne le voyoye en nul temps & lieu, q̃ je ne luy allegasse quelq; chose, fut cōme il fut,

&

& allac où il allat, en me gardant fort de ne luy dire chose qui le donnat peine & courroux, ayant touſ-jours deuant mes yeux le peu que priuent ni valent auec les Seigneurs ceux qui diſent les veritez: Il me ſouuint du traitement qu'Alexandre fit au Philoſophe Caliſtenes pour les luy dire, & par ainſi rien ne me ſuccedoit mal, j'auoye à grands & petits tant ſous main, qu'ils eſtimoyent autant mon amitié comme celle du Roy.

Comme Lazare reforma l'eſtat de la mer, & y impoſa des tributs & impoſts ainſi qu'en la terre au prouſit du Roy; & comme il taſchoit de cõplaire au Roy en toutes choſes. Chapitre XIX.

EN ce temps-là, me ſemblant bon de conformer l'eſtat de la mer auec celuy de la terre, je donnay aduis au Roy, en luy diſant, qu'il ſeroit conuenable, puis qu'il ha le trauail, qu'il euſt

eust le prouffit, & estoit, que jusques alors la couronne royale n'auoit point d'autres rentes, sinon seulemét de trête parties l'vne, de tout ce qui se vendoit; & quand il auoit guerre juste & conuenable à son royaume, ils luy bailloyent les poissons necessaires pour icelle, & les luy payoyent, & auoit seulement dix poissons pour son plat chasque jour: Ie leur imposay, qu'ils luy contribuassent tous chacun vn denier, & que les droicts fussent comme en la terre, & qu'ils luy donnassent pour son plat cinquante poissons chaque jour. Ie posay d'auātage, que quiconque de ses subjects qui se fit appeller Don ou Seigneur, sans luy venir par droite ligne, payat vn denier à sa Magesté: & ce chapitre, me semble, fut tref-conuenable; car l'impudence des poissons est si grande, que bons & mauuais, bas & hauts tous sont Dons, Dom ici & Don là, Donne ou Madame rien, & Donne point

point rien: Ie fey cela me souuenant de la bonne discretion des femmes de ma terre, que jaçoit qu'aucune tombe par mal-heur en ceste presomption, ou elle sera fille de tauernier honorable, ou d'escuyer, ou mariee auec vn hôme qu'ils appellet sa Seigneurie, & autres de ceste qualité, lesquels jaçoit qu'assument l'i dit Don, elles sont lors hors de necessité: Mais en la mer il n'y a fille d'herblere, qui (si se mariat auec celuy qui ne seroit point official ou ouurier) ne presume apres huit jours de mettre vn Dom à la queüe, cóme si ce Don les ostat d'estre filles de personnes deshô-nestes, & qui ne l'auoyét point; & que, ne l'ayant point, plusieurs d'elles sero-yent par aduenture plus estimees: car elles ne donneroyent point de cause de desterrer leurs peres, & de porter à la memoire l'oublié; & leurs voisins ne traiteroyent ni riroyent point d'el-les, ni de sa Seigneurie, qui le leur con-
sente

sente poser; & nous sçauons qu'elles de soy ne sont point solides; mais en cela ils se monstrent plus braues & legiers. Il sembla bon au Roy en luy rentant assez, jaçoit que delà en auāt, d'autant qu'il coustoit deniers, peu de Doms se trouuoyent. De ces & d'autres chosettes & nouuelles impositiõs, plus prouffitables au Roy qu'au royaume, aduisay-je. Le Roy, me voyant si soigneux en son seruice, n'estoit aussi point paresseux ès guerdons, ains estoyent fort amples & larges. Ie m'aiday en ce temps-là de mon poure Escuyer de Tolette, où pour mieux dire de ses subtils dicts, quād il se plaignoit à moy de ne trouuer vn Seigneur de titre auec qui demeurer, & q̄ s'il l'eut trouué, il l'eut sceu bien gaigner, & il disoit là ce dont j'vsay maintenant enuers le Roy, & fut pour moy fort prouffitable, principalement vn chapitre d'iceluy, que je fu fort aduisé à ne dire

dire au Roy chose auec quoy je le despleusse, jaçoit qu'à luy conuint beaucoup: mais parler tousjours à sõ goust, traiter bien & monstrer faueur à ceux ausquels il auoit bonne volonté, combien qu'ils ne le meritassent point; & au contraire à ceux, ausquels il ne l'auoit pas bonne, les traiter mal, & en mesdire, jaçoit qu'ils fussent poissons de bien; ne leur allant point à la main en ce qu'ils voulissent faire, combien qu'il ne fut pas bon. Il me souuint du dit Calistenes, que, pour dire veritez à son maistre Alexandre, il luy commãda donner vne tres-cruelle mort, jaçoit que celle-là se deuroit tenir pour vie, estant si juste la cause: mais maintenãt on n'vse point sinon de viure tellemẽt quellement: De maniere que je m'appliquoye autant que je pouuoy, à cest aduis; & de ceste sorte la soupe se tomba au miel, & ma maison se remplit de richesse.

Comme Lazare amassa en la mer de grandes richesses & thresors, & tascha de les faire porter en terre, mais en vain.

Chapitre XX.

MAis jaçoit que j'estoy poisson, si auoy-je l'estre & l'entendemēt d'hōme, & la maudite conuoitise, qui regne tant ès hommes, car vn animal, en luy donnant le comblement de ce que son naturel demande, ne desire point d'auātage ni le cherche. Le coq ne donnera rien pour tout autant de perles qui naissent en l'Orient, s'il est satisfait de grain; ni le beuf pour tout autant d'or qui naist ès Indes, s'il est saoul d'herbe; & ainsi tous les autres animaux: Seul le bestial appetit de l'homme ne se cōtente ni saoule, principalement s'il est accompagné d'auarice. Ie di ceci d'autant qu'auec toute ma richesse & auoir (car à peine se trouuoit vn Roy en la mer qui eut d'auantage & meilleures choses) je fu aguil-

aguillonné de la connoitise affamee, & non point auec trafique licite: Mais pour ceste cause je fey vne armee pour aller aux goufres du lion & de l'erratic, & autres je despeschay aux bancs de Flandre, où se perdoyét nauires de gens, & aux lieux où il y auoit eu batailles, d'où ils m'apporterent grande quantité d'or, qu'en seuls doublons, je pense, ils m'apporterent plus de cinq cens mille. Le Roy se rioit fort de ce qu'il me voyoit reposer & veautrer sur ces doublons, & me demãdoit à quoy faire estoit ce point rien, d'autant que ce n'estoit ni pour manger ni porter. Ie di à par moy: Si tu le cogneusses cóme moy, tu ne demanderois point cela. Puis je luy respõdoy que je les vouloy pour des conteurs, & auec cela je luy satisfaisoye. Et apres que je vins à la terre, comme en auant je diray, maudit celuy de mes yeux je peu veoir, & est que tous ceux qu'il y auoit me les

M 3   ap-

apporterent là en la mer, & ainsi ici il n'y a ores pas vn, & s'il en y a, ils doiuét estre en autre plus profond & absconsé lieu. Ie desiroy assez, s'il eut peu estre, de trouuer vn nauire pour en charger aucuns, combien que j'eusse donné la moitie de ma part à celuy, qui me les eut donné à mon Eluire en Tolette, pour en marier ma fille auec quelcun, car j'estoy bien seur qu'il y a-uoit assez qui ne me l'eussent point re-jetté, pour estre fille de Crieur, & auec ce desir je sailli deux ou trois fois apres nauires qui venoyét de Leuát ou d'O-rient, en leur criant à haute voix sur l'eaue qu'ils attendissent, pensant qu'ils m'entenderoyent & imagineroyét, & jaçoit qu'ils ne fussent point fideles messagiers pour porter le thresor ou partie d'iceluy à Tolette, seulement qu'ils en accómodassent quelques hó-mes je me contentoye, pour l'amour que je portoy à l'humaine nature, mais
aus-

aussi tost que je les appelloye, ou qu'ils me voyoyent, me jettoyent des crocs & dards pour me tuer; & auec ce je me tournoye à mon meſtier, & baiſſoye à veoir ma maiſon. Autres fois je ſouhaitoy que Tolette eut eſté vn port ou haure de mer, à fin de la pouuoir remplir de richeſſes; car au moins ma femme & fille en euſſent eu ſans doute aucune partie. Et auec ces & autres deſirs & penſemens je paſſoy ma vie.

Comme allant Lazare à la chaſſe en vn bois perdu des ſiens il trouua la Verité.
Chapitre XXI.

Comme je me perdey des miens je trouuay la Verité, laquelle me diſoit d'eſtre fille de Dieu, & eſtre deuallee du ciel en la terre, pour viure & proufiter en icelle aux hommes, & cõme quaſi elle n'auoit laiſſé aucun peuple ſans y aller, & viſité tous les eſtats grãds & petits; & jaçoït qu'ès maiſons

M 4

de quelques principaux, elle auoit trouué assiette & demeure, aucuns autres l'auoyent renuersé auec eux; & pour se veoir auec si peu de faueur, elle s'estoit retiree sur vne roche en la mer. Elle me raconta choses merueilleuses, qu'elle auoit passé auec tous genres de gens, ce que si je deusse descrire à V. S. seroit fort long, & hors de ce qui touche à mes trauaux: mais quand il plaira à V. S., je luy enuoyeray la relation de ce, que je passay auec elle. Or estant retourné à mon Roy, je luy racontay tout ce q̃ j'auoy passé auec la Verité.

Comme Lazare, estant despesché de la Verité, allant auec les Thonnines à desœufver, fut prins és rets, & devint derechef homme.
Chapitre XXII.

M'En allant à la cour consolé auec ces paroles, je vescu joyeux quelques jours en la mer; ce pendant s'approcha le temps que les Thônines de-

deuoyent desœufuer, & le Roy me cōmanda que je fisse ce voyage; car il enuoyoit tous-jours auec elles qui les gardat & defendit: & à present le General Licio estoit malade, lequel, s'il eut esté en bon poinct, je sçay bié qu'il eut fait ce chemin; & depuis q̃ j'estoye en la mer, j'y auoy allé deux ou trois fois: car elles alloyent chacun an vne fois en la dite desœufuation. De maniere qu'en la dite armee je menay auec moy deux mille armez, & en ma compagnie furent plus de cinq cens mille Thonnines, qui se trouuerent grosses & enceintes. Or estans despeschez du Roy, nous prinsmes nostre chemin; & nos journees estans côtees, nous nous mîmes en l'estroit du mont Gibraltar, & iceluy passé, no' venions à Conil & à Vexer, lieux du Duc de Medine & de Sidoine, où ils nous tendoyent filez; je fu aduisé de ce peril, & comme là se souloit faire dommage és

Thons,

Thons; & je les en auisay, qu'elles se gardassent: mais comme elles fussent desireuses de desœufuer en celle plaine-là, & qu'elle fut pour cela appareillee, pour bien qu'elles se garderent, en huit jours me defaillirent plus de cinquante mille Thônines. Et ayant veu le dommage comme il se faisoit, determinames les armez de nous mettre auec elles en la plaine, & tandis qu'elles desœufuoyent, s'ils les voulussent prédre, frapper ès assailleurs ou brigans, & en leurs rets, & les leur mettre en pieces: Mais il aduint tout au rebours auec la force & finesse des hommes, qui est autre que celle des Thons; & ainsi ils nous empoignerent tous auec infinies d'elles en vne rets, sans receuoir quasi dõmage de nous, ains gaing. Or cõme mes cõpagnons se veirent prins, ils exanimerent, & en gemissant abãdonnerent les armes, ce que je ne fey point, mais ils me saisirent auec mon

osespee, (ayant auec elle fait assez de dómage ès rets) & ensemble auec moy ma bonne & seconde femme. Les pescheurs, esmerueillez de me veoir ainsi armé, procurerent de m'oster l'espee, laquelle j'auoy bien saisie & empoignee; mais ils tirerēt tant par elle, qu'ils m'arracherent par la bouche vn bras & main, auec laquelle je tenoy bien saisie l'espee, & me descouurirent par la teste le front, & yeux, & narines, & la moitie de la bouche: Eux estans fort espouuantez de tel aduenement, me saisirent tres-fort du bras; & autres, me prenant par la queüe, me commencent à tirer hors, comme à cuir bouté en vn sac. Ie regarday & vey aupres de moy ma Lune fort affligee & espouuantee, tant ou plus q̃ les pescheurs; ausquels, commençāt à parler en langage d'hōme, je di: Freres, je vous encharge les consciences, & qu'aucun ne s'enhardir à me frapper auec le manche du mar-

teau;

teau; car sçachez q̃ je suis homme côme vous autres: mais acheuez d'oster la peau, & sçaurez de moy de grands secrets. Ie disoy cela, pour-ce q̃ ceux-là mes compagnons estoyét auprès de moy beaucoup d'eux occis, & mis en pieces les tests auec quelq̃s marteaux, que ceux de la jauge portoyét en leurs mains pour ce mestier: & de mesme je leur priay par gétilesse, qu'à celle Thônine qui estoit auprès de moy ils donnassent liberté, d'autant qu'elle auoit esté long temps ma compagne & femme. Eux grandement perturbez à me veoir & oüir, firent ce que je leur priay. Or au temps que celle ma compagne partoit de moy pleurant & espouuantee, je luy disoy en langue Thonnoise: Ma Lune & ma vie, va t'en auec Dieu, & ne retournes point à estre prinse, & raconte ce que tu vois au Roy & à tous mes amis, & te prie q̃ tu regardes pour mon honneur & le tien. Elle sans me don-

donner responſe, ſautant en l'eaüe, s'en
alla fort eſpouuantee. Ils nous tirerent
de là, moy & mes compagnons, que je
voyoy deuant mes jeux tuer, & mettre
en pieces au bord de l'eau, & moy ils
me tenoyent jetté en l'arene demi hōme & demi Thon, comme j'ay raconté, & auec aſſez de peur s'ils m'auoyēt
de mettre en cendre. Or acheuee la pe-
ſche ce jour m'ayāt interrogué, je leur
di la verité, en leur priant qu'ils m'ar-
rachaſſent du tout dehors, ce qu'ils ne
firent point, mais celle nuict me char-
gent en vn mulet, & cheminent auec
moy en Seuille, & me mettent deuant
le treſ-illuſtre Duc de Medine: Or fut
ſi grāde l'admiration qu'auec ma veüe
eux & ceux qui me voyoyent tētoyēt
& ſentirēt, qu'en grands temps ne vint
à Eſpagne choſe qui mit ſi grād eſpou-
uantement. Ils m'eurēt en celle peine
huit jours, ès quels ils ſceurent de moy
tout autant que j'auoy paſſé, au bout

de ce temps je senti detriment à la partie q̃ j'auoy de poisson, & qu'il se corrompoit pour n'estre point en l'eaüe, & pour-ce suppliay à la Dame Duchesse & à son mari, que pour l'amour de Dieu me fissent tirer hors de celle prison, puis q̃ j'estoy venu à leur haut pouuoir; & leur discourant du detriment que je sentoye, s'esjouïrent de le faire, & fut ordonné qu'ils fissent crier en Seuille, à fin qu'ils vinsent à veoir ma conuersion; & en vne place, qui est deuant leur maison, estoit fait vn theatre, à fin que tous me veissent là. Lors fut assemblee Seuille, & dés que la place se remplit, par ruës, & toicts & apentis n'estoit point comprinse la gét; incontinent commanda le Duc qu'ils allassent pour moy, & me tirassét d'vne cage, en laquelle aussi tost q̃ je vins de la mer ils me firent, où je fu bien pensant pour-ce, (selon la multitude des gens qui tous-jours m'accompa-
gno-

LAZARE DE TORM. 179

gnoyent) s'il n'y eut point eu des herses d'osier au milieu de moy & d'eux, que sans faute ils m'eussent estouffé. O grand Dieu, disoy-je, qu'est-ce qu'il y ha renouuellé en moy? car ores j'ay veu à vn homme estre en cage, & à son grand ennuy, & à oiseaux; mais à poisson n'y vey jamais estre. Ainsi ils m'en tirerent dehors, & me porterent en vn pauois, auec cinquante hellebardiers, qui alloyent deuant moy, separant & escartant la gent, & encore ils ne pouuoyent pas.

De la conuersion de Lazare Thor faite en Seuille en vn theatre: & comme il deuint malade.

Chapitre XXIII.

DOnques estant mis sur vn theatre, & là, me tirant les vns par la partie de mon corps que j'auoy de dehors, autres par la queüe de poisson, ils m'arracherent dehors, comme le jour que

que ma mere me mit hors du ventre; & le Thon demeura, estant seulement peau; ils me donnerent vn manteau, dont je me couuri, & le Duc commanda qu'ils m'apportassent vn sien vestement de chemin, lequel, jaçoit qu'il ne me tiroit pas, je me vesti; & fu tant festoyé & visité de gens, qu'en tout le temps q̃ j'estoy là je ne dormey quasi pas: car de nuict ils ne laissoyent point de me venir veoir & interroguer; & celuy qui auoit auec moy quelque espace d'audience, se tenoit pour bien fortuné. Au bout d'aucuns jours, apres que je descouurey du tout mon estre, je tombay malade, d'autant que la terre me prouua, & comme j'estoy accoustumé à la nourriture marine, & q̃ celuy de la terre est d'autre qualité, ce fit en moy changement; & pensay certain que mes trauaux auec la vie estoyent acheuez: mais il pleut à Dieu me deliurer de ce trauail & de tout autre.

Com-

Comme Lazare partit de Seuille, & s'en vint à Tolette, où il fut en grand peril, & mis en prison; & la Verité s'apparut derechef à luy: mais en fin fut deliuré & cogneu de son Seigneur le Gentil-homme & d'Elvire sa femme auec tres-grande joye de tous, & exerça derechef son office de Crieur.
Chapitre XXIIII.

ET dès que je me vey en poinct de pouuoir cheminer, je demanday licence à ces Seigneurs-là, que j'obtins à grande peine; car il me sembla qu'ils m'eussent bien voulu retenir auec eux, pour oüir les choses merueilleuses qui m'aduindrét, & les autres que je glosoye, ausquelles ils me donnoyent entier credit, ayant veu en moy si merueilleux changement: Mais en fin, sans empeschement de cela, ils me donnoyent la dite licence; & me firent magnifiquemét prouuoir pour mon chemin. Et ainsi je me vins en Tolette le vespre de l'Assomptiõ, & estoy le plus desireux hõme du monde de veoir ma femme & ma fille, & leur donner mille embrassemens, laquelle maniere de follatrer il y auoit ja quasi quatre ans q̃ je n'auoy pas vsé; d'autant qu'en la mer on ne l'exerce point, mais tout y est recueils de museaux. I'y entray de nuict, & m'en allay à ma maisonnette, laquelle je trouuay sans gens; j'allay à celle de mon Seigneur le Gentil-homme, & estoyent ja dormant; mais je donnay tant de coups que je les esueillay; & me demandant qui j'estoye, & le disant, mon Eluire fort asprement me respõdit à hautes voix: Allez yuroigne quiconque soyez, qui à telle heure allez vous mocquãt des vefues; Il mourut, car il y a ja bien trois ou quatre ãs qu'à moy malheureuse Dieu l'osta, & fondit en la mer à veüe de son maistre, & de plusieurs autres qui le veirent noyer, vous venez

nez maintenant à dire railleries, & auec ce s'en retourna au lict sans plus m'ouïr ni escouter. Ie commençay derechef à heurter & donner des coups à la porte, alors mon Seigneur courroucé se leua, & se mit à la fenestre, & à hantes voix comença à dire: Quelle vilenie est celle-ci, ou quel getil faict d'homme de bien? je voudroy bien sçauoir qui vous estes, pour demain vous donner le payement de vostre inciuilité, qu'à telle heure vous allez aux portes de ceux qui sont reposans, donnant coups du batoir de la porte, & faisant des tintamarres, auec lesquels vous rompez le sommeil & repos. Monsieur, di-je, ne se trouble V. S., q̃ s'il veut sçauoir qui je suis, aussi je le veux bię dire: Ie suis vostre seruiteur Lazare de Tormes. A peine j'acheuay de ce dire, quãd je senti passer pres de mes oreilles vn caillou pelé auec vn bruit & furie, & apres iceluy,

autre

autre & autre, lesquels ruant à ceux qui estoyent au chemin, auec ce que la ruë estoit pauee, y faisoit sauter hors du feu vif & aspres estincelles; ayāt veu le peril, qui n'attēdoit point de raisons, je prins la ruë vers embas deuant mes jeux, & à bon pas je m'esloignay; & luy demeura dès sa fenestre criant à hautes voix, disant: Venez vous en à mocquer, & verrez cōme il vous en ira. Ie jettay le sens amont, & me sembla de vouloir retourner à prouuer l'aduenture, car je ne me vouloy pas descouurir à personne; & d'autant q̄ c'estoit jà grāde nuict, je determinay de passer ce qui en restoit par là, & le matin estāt venu m'en aller à la maison: Mais il ne m'aduint pas ainsi, car peu apres passa par où j'estoye vn Officier ou Baillif, qui alloit rondant; lequel me prenant l'espee, me mena en la prison; & jaçoit q̄ j. cognoissoy aucuns des

des gentils-hommes, qui de sergeans luy accompagnoyent, & les appellay par leurs noms, & di qui j'estoye; ils se rioyent de moy, disant: qu'il y auoit plus de trois ans que celuy qui je disoy estre, estoit mort au voyage d'Argiers: & ainsi me meinent en la prison, & là me print le jour, lequel estát venu, quand les autres se vestent, & apprestent pour aller à l'Eglise, à solemniser vne tant celebre feste, pensant que je feroy le mesme, d'autant & à fin q̃ je seroy incontinent cogneu de tous, entra le Baillif qui m'auoit prins, & me jettant des grillons aux pieds, & vne bonne chaine grosse au col, me mit en la maison du tourmẽt, disant: Ce gentil-homme lequel ayãt dispositiõ & maniere d'estre Preteur, & se fait Crieur, qu'il soit ici quelque jour, jusques à tant que nous scachions qui il est, d'autant qu'il va de nuict à escheller les maisons des gẽs;
puis

puis par ma foy que ce saye ne doit point estre coupé à vostre mesure, ni porte odeur de vin, comme souloyét porter ceux de vostre office, sinō d'vn fin ambre; pour-ce vous direz à mal de vostre degré à qui vous le desrobbates; car s'il fut coupé pour vous, par ma foy q̃ le cousturier vous desrobba plus de trois aunes. A la mal'heure nous sommes venu ici, dī-je à par moy; mais non obstant tout cela je parlay à luy, en disant: que je ne viuoy pas de ce mestier, ni alloy à faire ce qu'il disoit. Ie ne sçay pas si vous allez, dit-il: mais ores sorte le Gentil-homme de la maison du Preteur, disant q̃ de nuict ils luy voulurét desrobber, & entrer dans la maison par force, si auec de bonnes pierres n'eut esté defenduē, & que les larrons disoyét que c'estoit Lazare de Tormes, vn sien seruiteur: je luy di comme je vous rencontray aupres de sa maison,

&

& il me dist le mesme, & pour-ce il commande de vous mettre bien en garde. Lors le geolier ou cipier dist: Celuy que tu dis fut Crieur en celle cité, mais il mourut en ce voyage d'Argiers, & je le cognoissoy bien, car c'estoit vn homme (que Dieu luy pardonne) de porter deux pots de vin d'vne maison à autre sans vaisseau. O moy mal-heureux, di-je, qu'encore mes fortunes ne sont point acheuees! sans doute mes mal-heurs retournét de nouueau; que sera ceci, q̃ ceux-là que je cogneu, & cõuersay, & eu pour amis me niënt & descognoissẽt? mais ma male fortune ne pourra pas tant, qu'en cela elle me contrarie, que ma femme ne me cognostroit point, cõme ce soit la chose qu'en ce monde le plus je desire, & elle aime. Pour-ce priay fort au geolier, & le luy payay, qu'il allat à elle, & leur dist q̃ j'estoye là, qu'elle vint me faire tirer hors de

la

la prison. Et luy en riát de moy print le real, & dist qu'il le feroit, mais qu'il luy sembloit que je ne portoy pas jeu de vray: car si j'eusse esté celuy que je disoye, il m'eut cogneu; d'autant que mille fois il luy auoit veu entrer en la prison, & accompágner les foüettez, & qu'il fut le meilleur Crieur, & de plus claire & haute voix qu'il y auoit en Tolette. En fin, cōme je l'importunay fort, il alla, & peut tant qu'il porta auec soy mō Seigneur; or quád je luy parleroye, & qu'il le mena où i'estoye, apportát vne chandelle, à fin que nous peussions aussi veoir; je senti celle joye que ceux du limbe deurent sentir au temps de leur liberté; & di en pleurant de tristesse, & plus de joye: O mon Seigneur Rodrigo de Yepes, regardez quel est vostre bon seruiteur Lazare de Tormes, tormē-té & chargé de fers, ayant passé trois ans les plus estranges & rares aduen-tu-

tures, qui jamais furent ouïes; il m'approcha la chandelle aux jeux, & dist: La voix est de Iacob, & la face d'Esau: Mon frere, il est bien vray qu'au parler vous vous resemblez quelque peu, mais au geste vous estes fort different de celuy que vous dites. A celle heure je tombay en la raison; pour-ce priay au geolier qu'il me fit merci d'vn miroir, & il me l'apporta, & quand je me regarday en iceluy, je me vey estre deuenu fort dissemblable de l'estre de deuant, principalemét de la couleur, que je souloy auoir comme vne fort rubiconde grenade, je di comme les grains d'icelle; & maintenát comme la mesme guedde, & ma forme aussi fort changee, dont je me sanctifiay, & di: Ores, Monsieur, je ne m'esmerueille pas, (estát fort esmerueillé de moy mesme) que V. S. ni personne de mes amis ne me cognoissent point, puis que moy mesme me descógnoy: Mais

que

que V. S. me face la grace de s'asseoir, & vous Monsieur Iuge donnez nous vn peu de lieu, & verrez cóme je n'ay point dit mésonge. Il le fit, & demeurant seuls je luy dónay tous les signes, tout autant qu'il y auoit passé depuis que je le cognoissoye, & tel jour ce, & tel jour cest autre; apres je suy racontay en somme tout ce que j'auoy passé, & cóme je fu Thon; & q̃ du temps q̃ je fu en la mer, & du mesme maintenemét, & de l'eaüe m'estoit demeuré ceste couleur, & changé le geste, lequel jusques alors je n'auoy point regardé. Finalement que depuis il demeura fort esmerueillé, & dist: Ce q̃ vous dites se dist fort notoire en ceste cité, qu'en Seuille s'estoit veu vn Thó hóme; & les signes q̃ vous me don sont aussi vrais; mais toutefois j'en doute beaucoup: Ce que je feray pour vous, sera d'amener ici Eluire ma seruante, elle par aduenture vous cognoinoistra mieux. Lors je le remerciay beaucoup, & le suppliay qu'il me dōnat la main pour la baiser, mais il ne me la voulut point donner. Ie passay ce jour & autres trois, au bout desquels par vn matin y entra le Lieutenant du Preteur auec ses ministres & vn escriuain, & me commencent à interroguer, &, s'ils ne l'ont à desplaisir, à me vouloir mettre à cheual, ou, pour mieux dire verité, en poulain: Dont je ne me peu contenir de n'espandre beaucoup de larmes, donnant de fort grands souspirs & sanglots, me complaignāt de mon trop grand mal-heur, que tant au large me fuiuoit: Mais non obstant tout cela, auec les meilleures & plus de raisons que je peu, je suppliay au Lieutenant que pour lors ne me tourmentat, veu q̃ je l'estoy assez; & à fin qu'il le creut, qu'il regardat mon geste, auquel approchant la lumiere, il dist: Pour certain

tain ce pecheur je ne fcay pas quelle force il pourra faire ès maifons, car il eft du tout fans icelle, à ce qu'il femble, & felon que fa difpofition monftre: Laiffons le maintenant, jufques à tant qu'il fe meliore, ou qu'il fe meurt, & le donnerons pour libre. Et ainfi ils me laifferét. Lors je fuppliay au geolier qu'il retournat à la maifon de mon Seigneur, & qu'il le priat de fa part, & fuppliat de la mienne, qu'il vouſit accomplir la parole qu'il m'auoit donnee, d'amener auec foy ma femme, & luy dõnay derechef vn autre real, car ceux-là ne font jamais vn pas en vain; & il le fit, & m'apporta affeurance, que pour le jour enfuiuant tous deux me prommirent de venir. Donques eftant cõfolé auec cela, celle nuict je dormay mieux q̃ les paffees, & en fonges me vifita derechef ma Dame & amie la Verité, & fe mõftrãt fort courroucé, me dift: Tu Lazare no te te veux point chastier, tu promis en la mer de ne m'esloigner point de toy, & dès q̃ tu en sortis, quasi jamais plus ne me regardas: Parquoy la diuine justice t'ha voulu chastier, qu'en ta terre & en ta maison tu ne trouues point de cognoissance, mais que te veisses mis comme malfaicteur à question de torment: Demain viendra ta femme, & sortiras d'ici auec hôneur, & d'huy en auant fay libre nouueau. Et ainsi elle se despescha de moy, estât pour lors fort joyeux de telle vision, & cognoissant que je souffroye justement, car les menteries estoyent autant & de si grandes que j'entretissoye, & de ce que je contoye, les veritez en estoyent fort admirables, & ce que n'estoit point vray, eust peu d'effroy tuer les gens: Dont je proposay l'emendation, & ploray la coulpe. Et le matin estant venu, mon geste estoit côme par deuant, & de mon

Seigneur & de ma femme je fu cogneu, & mené à ma maison auec beaucoup de plaisir de tous, & y trouua ma fille ja quasi pour aider à engendrer vne autre. Et apres que je reposay quelques jours, je me retournay à ma bouteille & pot, auec lequel en bref temps fu retourné en mon propre geste & à ma bonne vie.

Comme Lazare s'en vint à Salamanque, & l'amitié & dispute qu'il eut auec le Recteur, & comme il s'eut auec les estudians, & à la fin s'en retourna à Tolette & en sa maison.

Chapitre XXV.

EStant ja quelque peu à mõ plaisir, fort bien vestu & fort biẽ traité, je me voulu saillir de là où j'estoye, pour veoir l'Espagne, & me soulager vn peu, d'autant que j'estoy saoul de l'ombragement de l'eaüe. Et determinant où m'en iroye, vins à arriuer en en Salamanque, où, selō qu'ils disent, les sciēces ont leur logemēt: Et estoit ce q̄ j'auoy plusieurs fois desiré, pour essayer de tromper aucun de ces Docteurs ou long-māteaux-là, qui s'appellēt hommes de Licence. Et cōme la ville en est pleine, l'odeur aussi s'en sent de loing, jaçoit q̄ de leurs nuicts Dieu garde ma maison. Ie m'en allay incontinēt pourmener par la ville, & estant accoustumé de la mer, je m'esmerueilloye de ce que je voyoy là, & bien estoit quelque peu d'anātage de ce que j'auoy oüi. Ie veux racōter vne chose qui m'y aduint, allant par vne ruë des plus principales: Il y venoit vn homme cheuauchant vn asne, & comme l'asne estoit guigneux, & deuoit estre las, il ne pouuoit cheminer auant, ni aussi retourner par derriere, sinon auec grand trauail, commence l'homme à s'escrier: Auant monsieur bachelier. Auec cela il ne s'esmeut pas,

pas, jaçoit qu'il sembla qu'il se voulut retourner. Mais luy pensant qu'auec plus honorable nom l'asne se monueroit plus tost, commence de dire: Auant Monsieur Licentié, auant de par tous les diables, & le picque auec vn aguillon qu'il portoit. Vous eussiez alors là veu jetter coups de talon par derriere & par deuant, & le Licentié à vne part, & le Cheualier à autre: jamais ne vey en ma vie, ni en la seigneurie de la mer, ni en celle de la terre Licentié de telle qualité, q̃ tous luy fissent autant de lieu, ni qu'autant de gés sortissẽt pour le veoir. Ie cogneu alors qu'il deuoit estre des seruiteurs de quelcun de nom, & qu'ils se faisoyent aussi honorer auec leurs noms, cõme je m'auoy fait pour mon valoir & forces en la mer entre les Thons: Mais toutefois je les estimoy plus que moy mesme, car jaçoit qu'ils me fissent seigneurie, ils ne me donnenerent pas plus grãde licence de celle, que de moy mesme par mon effort je me prenoye entr'eux: Et certes, Monsieur, que j'ay passé aucun temps, que j'eusse voulu estre beaucoup plus volontiers le Licentié asne, que Lazare de Tormes. D'ici je vins, suiuãt le bruict, à entrer en vn College, où je vey tant d'estudians, & ouÿ tant de voix, qu'il n'y auoit nulluy qui ne demeurat plus las de crier, q̃ de sçauoir. Et entre plusieurs autres q̃ je cogneu, (jaçoit qu'à moy nul d'eux) voulut Dieu que je trouuay vn mien ami de ceux de Tolette, cogneu du bon tẽps, lequel seruoit à deux Seigneurs, comme celuy qui dessus esmeut le bruict, & aussi qui estoyent des plus grands du College: Et comme il estoit seruiteur de conseil & de table, parla auec ses maistres de moy de telle maniere, qu'il me valut vn disner & quelque peu d'auantage. Il est bien vray que ce fut à l'vsage de College, disner peu, & de peu, mal assaisonné, & pis serui; mais maudit soit l'os qui demeura sãs le rõpre. Nous parlames de plusieurs choses en mangeant, & je repliquoy de telle maniere auec eux, qu'ils cogneurent bien tous deux que j'auoy acquis d'auantage par mon experience, qu'eux par leur scauoir. Ie leur racõtay quelque peu de ce qui estoit aduenu à Lazare, & auec telles paroles, q̃ certes tous me demanderẽt où j'auoy estudié, en France, ou en Flandre, ou en Italie; & encor si Dieu m'eut laissé souuenir de quelque parole Latine, je les eusse espouuanté d'auantage; je leur prin par la main en parlant, pour ne leur donner occasion de demãder quelque chose, de quoy ils me missent en confusion. Toutefois eux pensant que j'estoy beaucoup plus de ce que pour lors ils auoyent de moy cogneu, determinerent de me faire defendre

quel-

quelques conclusions: mais d'autant que je sçauoye qu'en ces escoles-là tous estoyent Romancistes, & que je l'estoy tel, que je me pouuoy mõstrer sans vergoigne à tous, je ne le refusay pas: car qui se vaut entre Thons, qui ne joüent que de museau, bié se vaudroit entre ceux qui ne joüent sinon de langue. Le jour fut l'ensuiuant, & pour veoir le spectacle fut inuitee toute l'Vniuersité: V. S. eut lors veu Lazare au plus grand honneur de la ville, entre tant de Docteurs, Licentiez, & Bacheliers, que pour certain auec le dixyesme se pourroyent destruire tout autant de champs qu'il y a en toute l'Espagne, & auec les primices se tiendroit le monde pour côtent: il eut veu tant de couleurs de vestir, tant de degrez au seoir, qu'on ne tenoit point de conte de l'homme, sinõ selon qu'il auoit le nom. Et à fin que j'apparusse mieux au milieu, ils

me voulurent vestir selon qu'estoit l'vsance d'eux; mais Lazare ne voulut point; car d'autant q̃ j'estoy estrãger, & n'auoy pas fait profession en celle Vniuersité, ils ne se deuoyent point esmerueiller, sinon juger plus selon la doctrine, (puis que celle-là estoit telle) que non pas selon l'habit, j'açoit qu'il fut desaccoustumé. Ie vey alors tous auec tant de grauité & de telle maniere, que, si je di la verité, je puis dire que j'auoy plus de crainte q̃ de vergoigne, ou plus de vergoigne q̃ de crainte, qu'ils ne se mocquassent point de moy. Donques Lazare estãt mis en son lieu, (& quel estudiant moy!) voyãt ma presence doctorale, & que je sçauoy si bien tenir ma grauité comme eux tous, voulut le Recteur estre le premier qui auec moy argumẽtat, chose desaccoustumee entr'eux: Ainsi il me proposa vne question assez difficile & mauuaise; me
de-

demandant que je luy disse combien de tonneaux d'eaüe il y auoit en la mer: Mais moy côme hôme qui auoit estudié, & auoit sailli nagueres de là, je sceu respondre fort bien, disant; qu'il fit detenir toutes les eaües en vn, & que je le mesureroye bien tost, & luy en donneroye raison fort bonne. Oüie ma responfe tant breue, & tant sans circuits de paroles, q mauuais an pour le meilleur l'eut donné telle; se voyant en trauail, pensant de me mettre en route, & voyát luy estre impossible de ce faire, laissa la charge de la mesurer à moy, & qu'apres je le luy disse. Le Recteur, honteux de ma responfe, me jette vn autre argumét, pensant que me surabôdoit ou le scauoir ou la fortune, & q comme j'auoy donné resolution en la premiere, je l'eusse ainsi donné en la seconde; me demanda que je luy disse combien de jours qu'il y auoyent passé dès qu'A-

dam

dam fut creé jusques à celle heure. Comme si j'eusse esté tous-jours au monde en les contant auec vne plume en la main; puis à bonne foy que des miens il ne me souuenoit pas, sinon qu'vn tems je fu seruiteur d'vn aueugle, & autre d'vn laboureur, & autres choses telles, desquelles j'estoy meilleur cõteur, q̃ non pas de jours. Mais toutefois je luy respõdi, disant; que non plus de sept: car quand ceux-là sont acheuez, autres sept viennẽt suiuant de nouueau, & qu'ainsi auoit esté jusques là, & seroit aussi jusques la fin du monde. V. S. eut lors veu Lazare ja mout Docteur entre les Docteurs, & grãd maistre entre ceux de Licõce. Mais aux trois va la victoire, puis que des deux j'estoy si bien sailli, pensa le seigneur Recteur qu'en la troisyesme je m'emboüeroye, jaçoit q̃ Dieu sçait quel estoit le courage de Lazare en ce temps-là, non pas pour-ce que je ne

mon-

monstrasse point beaucoup de grauité, mais le cœur auoit crainte. Le Recteur me dist q̃ je satisfisse à la trois-
yesme demãde. Ie respõdi fort prom-
tement, que non seulemẽt à la trois-
yesme, mais jusques à l'autre jour se
pouuoit detenir. Lors il me demanda
que où estoit la fin du monde. Quelles
philosophies sont celles-ci? di-je à
par moy: Puis comment? moy ne l'a-
yant cheminé du tout, cõmẽt puis-je
respondre? S'il m'eut demandé la fin
de l'eaüe, je le luy eusse dit quelq; peu
mieux. Toutefois je le respondi à son
argument, que c'estoit ceste auditoire
où nous estions, & que manifestemẽt
il trouueroit estre ainsi ce q̃ je disoye,
s'il le mesuroit; & quand ce ne fut
point vray, qu'il m'eut pour indigne
d'entrer en College. Se voyant confus par mes responses, & q̃ tous-jours
pensant donner bon eschecq, il receuoit mauuais jeu, il me jette la quarte
que-

question fort vanteux, m'interrogant combien il y auoit de la terre jusques au ciel? V. S. eut veu mon cracher à mes temps d'vne estráge maniere, & auec cela ne sçauoy pas q̃ luy respondre: car il pouuoit fort bien sçauoir, que je n'auoy encor pas fait tel chemin; s'il m'eut demandé l'ordre de vie que gardét les Thons, & en quelle langue ils parlent, je luy en eusse dōné meilleure raison: Mais auec tout cela je ne teu pas, ains respondi: que fort pres estoit le ciel de la terre, car les chants d'ici s'entendent là, pour bas qu'vn homme cháte ou parle, & que s'il ne me voulut point croire, qu'il montat au ciel, & je cháteroye à fort basse voix, & q̃ s'il ne m'oyoit point, qu'il me condemnat pour fol. Ie promet a V. S. que le bō Recteur se deut taire, & laisser le questionner pour les autres. Mais quand ils le veirét cōme cōfus, il n'y eut aucun qui s'osast mettre

tre en cela, ains tous se teurét, & donnerét mes responses pour fort excellentes. Ie ne me vey jamais entre les hómes tant honoré, ni tant seigneur ici, & seigneur là; l'honneur de Lazare de jour en jour alloit croissant; en partie fut augmenté par les robbes q̃ me donna le bon Duc, dont je le remercie, que si n'eut esté pour icelles, ces diables de pands-larges n'eussent point fait plus de cas de moy, q̃ je ne faisoye des Thons, jaçoit que je dissimuloye. Tous venoyét à moy; les vns me donnant leur bonne volonté de mes responses, les autres s'esjoüissans de me veoir, & m'oüir parler. Ayant veu mon habilité si grande, le nom de Lazare estoit en la bouche de tous, & alloit par toute la ville auec plus grãd bruit qu'entre les Thõs. Mes hostes me voulurent mener à souper auec eux, & moy aussi voulu bien aller, jaçoit que je le refusay, selon l'vsance

de

de là, à la premiere, feignant d'estre par
autres inuité. Nous soupames, je ne
veux pas dire quoy; car celuy-là fuſt
souper de Licence, jaçoit q̃ je vey bien
que le souper s'appresta à change de liures, & ainsi fut si noble. Apres auoir
soupé, & oſtees les nappes de la table,
nous eumes pour collation quelques
cartes, qui souloyent estre là quotidie-
nes, & certes qu'ẽ ce jeu j'estoy vn peu
plus docte, que non pas ès disputes du
Recteur. Et saillirent en fin deniers à
la table, en quelle maniere que ce fut.
Eux, cõme fort dextres en cest art, sca-
uoyent faire mille signes des jeux; de
sorte que si c'eut esté vn autre, il y eut
certes laissé la peau: car au milieu
m'alloit mal, mais à la fin je les traitay
si bien, qu'ils payerẽt pour tous; & outre le souper j'emboursay mes cinquante reaux de gaing en la bourse.
Donques prenez vous en auec celuy
qui entre les Thons auoit esté seigneurie,

rie, de Lazare ils se garderont tousjours: & pour me despescher d'eux, je leur eusse bié voulu dire quelque chose en langue Thonnoise, mais ils ne m'eussent point entendu. Apres craignant qu'ils ne me missent en vergoigne,(car il ne leur eut point failli d'occasion,) je me parti de là, pensant que pas tous-jours ne peut succeder bien. Ainsi determinay de m'en retourner, estant joyeux auec mes cinquāte reaux gaignez, & encore quelque chose d'auantage, que pour l'honneur d'eux à present je tairay: Et arriuay à ma maison, où je trouuay tout fort bien, jaçoit qu'auec grande faute d'argent. Ici me vindrent les pensemens de ces doublons-là, qui se desparurent en la mer, & certes que je me contristay; & pensay à par moy, que si j'eusse sceu qu'il me deust succeder si bien comme en Salamanque, j'eusse mis sus escole en Tolede; car quand ce n'eut esté sinon

pour

pour apprendre la langue Thonnoise, il n'y eut esté qui n'eut voulu estudier. Apres pensant mieux, je vey que ce n'estoit point chose de gaing, d'autant qu'il ne prouffitoit gueres : Ainsi je laissay mes pensemens arriere, jaçoit que j'eusse bien voulu demeurer en vne tant noble ville auec fame de fondateur d'Vniuersité fort celebre, & d'inuenteur de nouuelle langue jamais sceuë au monde entre les hommes. Ceci est le succes depuis le voyage d'Argiers, le reste auec le temps le sçaura vostre Seigneurie, demeurant fort à son seruice. Lazare de Tormes.

FIN.

APPRO-

APPROBATION.

COmbien que j'ay esté en fort grande doute en la soubsignation de ce Livre, pour-ce que ceste Histoire est quasi vn songe, & semble chose incredible; toutefois apres qu'ils m'ont monstré que mon tres-cher, tres-docte & devot confrere Sire Machaël Breugel Licentiat a soubsigné & approuvé la premiere Part de ce Lazare de Tormes, & ceste seconde Part a esté imprimé en Espagnol avec grace & privilege, & ceste translation est fidelement traduite de langue Espagnole en Françoise, je ne pouvoy ne devoy bonnement la rejetter, puis qu'il ne contient chose adversante à nostre unique Foy Catholique & unique espouse de Iesus Christ nostre Seigneur la tres-saincte mere Eglise, mesmes icelle d'icelle est avancee: D'autant que ce Lazare, estant en extreme necessité, a tres-devotement invoqué l'aide divine, & promis emendation de vie, & de visiter nostre Dame à Monferrat, à Guada-lupe, & autres tels lieux miraculeux, & a in-

vo-

roqué beaucoup d'autres Sainéts, ayans grace de Dieu de subvenir à ceux qui sont en peril de la mer, qui est-ce qui pourroit nier qu'il n'est exaucé? Il a pleu à la divine Magesté de le delivrer de ses tres-grandes angoisses & perils, le tresmuant en forme & estre de poisson, & apres le transformer en son premier estre. Nulluy peut nier que Dieu tout-puissant de ce faire n'a eu la puissance, si on pensoit bien que Moyses, (Exod. 7.) en la presence du mauvais Roy Pharaon, a converti son baston en vn serpent vif, & derechef le dit serpent en son premier estre de baston: Et que la seiche verge d'Aaron (Num. 17.) a produit fueilles, fleurs, & amandes: D'avantage que sainét Iean Evangelist a converti de cailloux en pierres pretieuses, & branches d'arbres en fin or, & derechef en leur premier estre; on ne trouvera pas si estrange, si ce bon hôme, apres tant de tresferventes prieres à Dieu & ses Sainéts, est côverti en poisson, & derechef en son premier estre; Toutefois je ne le veux asseurer comme le sainét Evangile: Peut estre qu'il est vray,
&

& peut estre non estre vray; laissant le jugement au Liseur, il croy ou non; il n'y a danger ne peril. Parquoy pour les dessus escrites raisons je permet qu'il soit imprimé. Datum ce 4. de May, 1598.

    D. I. Blanckvvalt, Canonicus,
      S. T. L. visitavit &
       subsignavit.

Ex-

Extract dv Privilege

L'Infante d'Espagne nostre Duchesse ha consenti à Guislain Ianssens, Imprimeur & Libraire juré en la ville d'Anvers, que luy seul sans autre pourra imprimer ou faire imprimer l'Histoire plaisante, facetieuse, & recreatiue du Lazare de Tormes: Item La seconde Partie des faicts merueilleux du dit Lazare de Tormes, nouuellement traduite de l'Espagnol en François, Par Iean vander Meere, d'Anuers. Defendant à tous autres Imprimeurs & Libraires de les imprimer ou contrefaire, ou ailleurs imprimez les pouvoir vendre ou distribuer sans le consentement du dit Ianssens, & ce durant le terme de Six ans, sur les peines contenuës en l'Original: Donné à Bruselles, le 22 de Septembre, 1598.

Soubsigné

I. de Buschere.

www.ingramcontent.com/pod-product-compliance
Lightning Source LLC
Chambersburg PA
CBHW071513160426
43196CB00010B/1505